Frank E. P. Dievernich, Jasmin Schülke,
Paula Macedo Weiß (Hg.)

Demokratie gestalten

Eine Aufforderung zum Handeln

**Frankfurter
Allgemeine
Buch**

Bibliografische Information der Deutschen Nationalbibliothek
Die Deutsche Nationalbibliothek verzeichnet diese Publikation
in der Deutschen Nationalbibliografie; detaillierte bibliografische
Daten sind im Internet über http://dnb.d-nb.de abrufbar.

**Frankfurter
Allgemeine
Buch**

© Fazit Communication GmbH
Frankfurter Allgemeine Buch
Pariser Straße 1
60486 Frankfurt am Main

Umschlag & Satz: Nina Hegemann
Druck: CPI Books GmbH, Leck
Printed in Germany

1. Auflage
Frankfurt am Main 2024
ISBN 978-3-96251-182-1

Frankfurter Allgemeine Buch hat sich zu einer nachhaltigen
Buchproduktion verpflichtet und erwirbt gemeinsam mit den
Lieferanten Emissionsminderungszertifikate zur Kompensation
des CO_2-Ausstoßes.

Inhalt

Vorwort

Mit diesem Buch wollen wir unserer Haltung Ausdruck
verleihen und einen Beitrag dazu leisten, dass unsere Demokratie gerettet wird: durch ein geschärftes Bewusstsein
und einer Anleitung zum Handeln. Denn unsere Demokratie ist in Gefahr. Von rechts, von links, aus dem Inland
wie aus dem Ausland. Die Demokratie ist die Lebensversi-
cherung der Vielfalt. Damit sichert sie die Handlungsfä-
higkeit der Gesellschaft. Sie gewährleistet, dass ein breites
Spektrum unterschiedlichster Ideen wie praktische Handlungsoptionen verfügbar sind. Unsere Gesellschaft ist auf
diese angewiesen, um auftretende komplexe Probleme zu
lösen. Wir verstehen Demokratie als kulturelle Identität,
als Teil unseres politischen Bewusstseins, resultierend aus
dem Zeitalter der Aufklärung. Als Lebensform wirkt sie
generationsübergreifend. Wir sind überzeugt, dass die
Kraft der Demokratie auch genau daher rührt. Gerade in
Zeiten, in denen an allen Ecken und Enden Selbstverständlichkeiten zu erodieren scheinen, ist es wichtig, dass
es einen verortenden Bezugspunkt gibt, auf den man sich
rückbesinnen kann, von dem aus man die Vielfalt, die Widersprüche, die Ambiguitäten, die Paradoxien, ja, das an
vielen Stellen und vielen Momenten wahrgenommene
Zuviel aushalten, verhandeln und einordnen kann. Die

Demokratie ist dabei das Versprechen, dies in Freiheit tun zu dürfen.

Demokratie leistet das, auch wenn sie selbst unter Druck gerät. Man kann sich auf sie beziehen, sie kann Orientierung geben. Sie ist da, verlässlich, verfügbar, abrufbar. So ist das, wenn etwas eine kulturelle Identität besitzt. Sie ist erinnerbar als etwas, was uns viele Jahre ein gutes, freiheitliches Leben beschert hat. Und was ist es am meisten, nach dem sich der Mensch sehnt? Es ist die Freiheit, sich für etwas entscheiden zu können. Ein Jeder möchte in Freiheit sein Leben so führen, wie er sich das ausgemalt hat. Dies freilich in jenen Grenzen, die die Freiheit der anderen setzen und es der Rechtsstaat gestattet. Eine Demokratie braucht Rechtsstaatlichkeit. Sich auf die Demokratie zurückzubesinnen, bedeutet also auch der Freiheit zu huldigen, die ebenfalls unter Druck geraten ist.

Die Freiheit der Selbstbestimmung ist gerade in diesen Zeiten wichtiger denn je. So ist es die Freiheit, die dazu geführt hat, dass Meinungen wichtig sind, dass man sie äußern darf. Wenn aber, massiv beschleunigt durch die Digitalisierung der Gesellschaft, die Meinung das Wissen und die Faktenlage ablöst, dann erscheint eine Beliebigkeit Einkehr zu halten, die am Ende die Grundlage der Demokratie gefährdet. Wenn man Fakten von Meinungen nicht mehr unterscheiden kann, weil die kulturelle Praxis bzw. ihre Techniken verloren gegangen zu sein scheinen, wie man sich dieses Wissen aneignet, dann läuft der Mensch Gefahr, trotz der oberflächlichen erscheinenden

Freiheit, diese zu verlieren, ja im Extremen eine steuerbare Figur zu werden. Geschieht dies, ist es auch nicht mehr möglich mitzubekommen, wenn Freiheit nur mehr bedeutet, dass Menschen zunehmend konsumierende Figuren auf dem Spielfeld des (Digital-)Kapitalismus sind. Sich für die Freiheit zu entscheiden, bedeutet auch, sich für den Mut der Reflexion und des Einwandes im Kontext der anderen auszusprechen.

Da, wo gestritten wird, da wo miteinander kommuniziert wird, findet kein Krieg statt. Der Kommunikationsabbruch ist zumindest ein optionaler Kipppunkt hin zur Option des Krieges. Demokratie muss im Verständnis wieder unsere zentrale Form des Miteinanders sein, eine gemeinsame Praxis, die sich niemals erschöpft und uns im Tun jene Freiheit schenkt, die uns wiederum diese Praxis erst ermöglicht. Dazu wollen wir anstiften. Wir setzen mit diesem Buch also die Demokratie als Wert, als Haltung, als Ermahnung und Erinnerung gegen die Unfreiheit. Dieses Buch ist gleichsam eine Einladung für den Diskurs und den Dialog, die beide sicherstellen, miteinander in Verbindung zu sein.

Die hier versammelten Beiträge sind eine Momentaufnahme dieser Zeit, Betrachtungen aus ganz unterschiedlichen gesellschaftlichen Perspektiven, sie stellen eine streitbare Vielfalt – auch jede einzelne Perspektive – dar, auf die reagiert werden kann. Und es könnten auch ganz andere Beiträge sein, als jene, die sich hier finden. Dieses Buch ist also höchst kontingent, wie eben auch unsere Gesellschaft selbst – jedoch die Demokratie als Rahmen all dessen ist es aus unserer Perspektive nicht. 2022 riefen wir die Reihe „Demokratie gestalten" aus Anlass des Paulskirchenjubiläums ins Leben. So erschien jeden Monat ein Essay im JOURNAL FRANKFURT zu unterschiedlichsten Aspekten der Demokratie. Wir wollten nicht nur zu den Feierlichkeiten eine Reihe von Debattenbeiträgen liefern, sondern bereits im Vorfeld und weit darüber hinaus. Demokratie ist nicht nur ein Thema für Jubiläen. Die Beiträge sind bunt und vielfältig wie unsere Stadtgesellschaft auch. Sie sind die Basis dieses Buches, das mit seinem Titel „Demokratie gestalten" Lust darauf machen soll, selbst aktiv zu werden. Eine Demokratie lebt von aktiven Bürgerinnen und Bürgern. Als solche verstehen wir uns als Herausgeber dieses Buches auch: Als Vorstandsvorsitzender einer in den Werten der Aufklärung verankerten Stiftung, die sich für den gesellschaftlichen Zusammenhalt und damit einhergehend mit dem Thema Demokratiebildung in Frankfurt einsetzt, als Chefredakteurin eines jahrzehntelang etablierten Stadtmagazins in dieser Stadt, dessen Grundlage stets das informierende, reflektierende und kritische Gesellschaftsgeschehen ist sowie als Buchautorin, verankert in der internationalen Kunst- und Kulturszene, und Mitinitiatorin des Netzwerkes Paulskirche in Frankfurt am Main.

Frankfurt setzt sich als Stadt schon immer konsequent für die Freiheit ein, die sie selbst früh erlangte und stets zu schätzen wusste. Unabhängigkeit hat ihren Preis und den entrichten die Bürgerinnen und Bürger der Stadt gern, denn sich für Freiheit einzusetzen, rentiert sich. Freiheit gibt es nicht ohne Demokratie; sie ist das einzige System, das Freiheiten unterstützt und ermöglicht. In Frankfurt ist Demokratie Tradition. Unsere Paulskirche, Ort der Nationalversammlung von 1848, die ein Jahr später die erste demokratische Verfassung in Deutschland verkündete, gilt bekanntlich als „Wiege der Demokratie". Nach dem Zweiten Weltkrieg wiederaufgebaut steht ihr Bau für den demokratischen Neuanfang. Eine Ehre durchaus, aber vor allem Verpflichtung. Frankfurt entwickelte sich von der mittelalterlichen Provinzstadt zur souveränen „Freien Stadt" und schließlich der heutigen global ausgerichteten Wirtschaftsmetropole. Frankfurt ist in seinem Handeln, seiner Mentalität, seiner Struktur fortschrittlich und weltoffen, gibt Tendenzen vor und ist immer einen Schritt voraus. Nun auch in der Debatte um Demokratie. Als internationale und diverse Stadt hat Frankfurt die paradiplomatische Möglichkeit, dies in die Welt zu tragen.

Unser Anspruch muss sein, weiter kraftvolle, positive Geschichten des demokratischen Gelingens zu erzählen, anstatt in zufriedene Untätigkeit zu verfallen. Wir müssen uns viel mehr als bislang für das Gemeinwesen engagieren, und wenn es uns um eine demokratischere Gesellschaft geht, ist generell die richtige Zeit immer jetzt!

Frank E. P. Dievernich

Jasmin Schülke

Paula Macedo Weiß

Meine Gedanken zum Thema Demokratie

Mike Josef

Demokratie – Für viele ist sie heute in der westlichen Welt ganz selbstverständlich: Sie ist der Schlüssel für ein würdiges und erfülltes Leben in Freiheit und Selbstbestimmung und sie ermöglicht die Teilhabe aller an der politischen Willensbildung. Bürgerinnen und Bürger, die in ihr leben, entscheiden in freien Wahlen darüber, von wem sie regiert werden wollen, Gesetze sind für alle Menschen gleich. Doch Demokratie ist nicht selbstverständlich, das lehrt uns die Geschichte: Über eine demokratische Gesellschaftsform – wie wir sie heute kennen – wurde hier, in unserem Frankfurt, einst heftig debattiert. In der Paulskirche versammelten sich 1848 die Mitglieder des ersten gesamtdeutschen Parlaments, um über eine freiheitliche Verfassung zu beraten und zu diskutieren. Alle Deutschen sollten in Freiheit in einem Staat mit den gleichen Grundrechten leben. Das Projekt ist damals zum Unglück für Deutschland gescheitert. Doch in der Paulskirche wurde mit dem Katalog der Grundrechte, zu denen die Gleichheit vor dem Gesetz, die Meinungs- und Glaubensfreiheit, das Recht auf Freizügigkeit und Versammlungsfreiheit oder der Schutz vor staatlicher Willkür gehörten, die

Grundlage für unser heutiges Grundgesetz gelegt, dass uns ein demokratisches Leben in Politik und Gesellschaft ermöglicht. Deshalb gilt die Paulskirche als die Wiege der deutschen Demokratie. Das ist sie auch für mich.

Auf dem Höhepunkt der Revolution von 1848 wählten die Bürger der deutschen Staaten eine Nationalversammlung. Unsere Stadt kann stolz darauf sein, dass mit dem Sitz dieses ersten gesamtdeutschen Parlamentes hier unsere Demokratie ihren Ausgang nahm. Die damalige Wahl Frankfurts als Sitz der demokratischen Nationalversammlung war nur konsequent. Denn die Stadt nahm als Wahl- und Krönungsort der deutschen Könige und Kaiser schon immer eine Sonderstellung ein, sie wurde in ihrer Geschichte nicht von einem Fürsten regiert, sondern von einem selbstbewussten Bürgertum – wenngleich die meisten Stadtbewohner kein Bürgerrecht besaßen und von der Stadtregierung ausgeschlossen waren. Das hat sich zum Glück mittlerweile grundlegend geändert.

Gerne wäre Frankfurt, wie das zumindest die radikalen Demokraten in der Nationalversammlung anstrebten, Hauptstadt eines demokratischen Deutschlands geworden. Dieser Traum ist geplatzt. Er erfüllte sich auch nicht nach dem Zweiten Weltkrieg, als Frankfurt sich schon als Hauptstadt der neuen Bundesrepublik sah, dann aber doch noch von Bonn geschlagen wurde, weil Kanzler Adenauer nicht an den Main umziehen wollte. Doch bis heute ist Frankfurt eine Stadt der Demokratie, ich würde sogar sagen: die Stadt der Demokratie in Deutschland.

Schon im Studium beeindruckte mich die Paulskirchenverfassung und die Diskussionen um diese. Es war dann
ein sehr besonderer Moment, als ich das erste Mal die
Paulskirche betrat und den Ort dieser Diskussionen vor
Augen hatte. Für mich persönlich steht sie für eine der besonderen Stärken unserer Stadt. Hier habe ich viele feier-
liche Stunden erlebt und kam in Kontakt mit ganz unterschiedlichen Menschen. Wer dort einmal eine wichtige
Veranstaltung erlebt hat, zum Beispiel die Verleihung des
Friedenspreises des Deutschen Buchhandels, spürte ihre
besondere Stimmung und Atmosphäre. Es ist immer ein
erhebendes Gefühl, dort zu sein. Nicht zuletzt deshalb
werden in der Paulskirche Preise verliehen und Menschen
geehrt, die sich in besonderer Weise für unser Land und
unsere Stadt eingesetzt haben.

Die Paulskirche als Ort der Nationalversammlung
feierte im vergangenen Jahr ihr 175. Jubiläum. Das Pauls-
kirchenfest zu diesem Anlass war ein Fest der Demokratie.
Mit Veranstaltungen auf dem Römerberg, dem Paulsplatz,
auf dem Weckmarkt, dem Hühnermarkt und dem Dom-
platz sowie dem Mainkai. Hunderttausende Besucherinnen und Besucher waren dazu in unserer Stadt.

Das in der Paulskirche mitbegründete freiheitliche
Miteinander in der Gesellschaft, die Meinungsfreiheit
und die Wahrung der Grundrechte – all das ist für mich
ein Schatz, den es zu bewahren und zu schützen gilt. Diese
Werte sind die Basis von allem, ohne sie gibt es keine freiheitliche Gesellschaft, keine lebendige Demokratie. Wir

sehen das an Ländern, die autoritär regiert werden. Die dort fehlenden oder mangelhaften demokratischen Strukturen führen zu Ungerechtigkeit und Bestechlichkeit, zu Armut und Krieg. Noch heute kämpfen in zahlreichen Ländern Menschen für ein Leben in Würde und Selbstbestimmung. Sie erinnern uns daran, dass Demokratie auch Verantwortung bedeutet. Wir müssen für sie einstehen und sie nach Kräften bewahren.

Die Eröffnung der Nationalversammlung in der Paulskirche am 18. Mai 1848 sollte und musste gefeiert werden. Aber wir haben uns zu diesem Jubiläum auch kritischen Fragen gestellt. Lodert in uns noch die Flamme der Freiheit wie seinerzeit in den Abgeordneten und in großen Teilen des Volkes, oder brennt unser Wille zur Freiheit und zur Demokratie nur noch auf kleiner Flamme, weil diese selbstverständlich geworden sind? Unterschätzen wir nicht die Gefahren, die unserer Demokratien drohen im Inneren durch extreme Parteien etwa oder durch enttäuschte Bürger, die nicht mehr zur Wahl gehen und die Politik verachten? Und im Äußeren durch autoritäre und reaktionäre Regime wie jenem in Russland, das in der Ukraine einen verheerenden Krieg angezettelt hat?

Es stellen sich uns angesichts des Jubiläums auch ganz neue Fragen, die wir im Kontext der Weiterentwicklung unserer Demokratie beantworten müssen. Es sind nicht nur die großen Veranstaltungen, auf denen für Inhalte und Personen geworben wurde, die die Öffentlichkeit strukturieren. Social-Media-Kanäle verändern die Art der Kommunikation: kurz, schnell, mit Bildern und Slogans emotionalisiert. Weiter: die gesellschaftliche Wirklichkeit wird mit der Entwicklung Künstlicher Intelligenz uneindeutiger. Die Ablösung von Individuum und wahrgenommener Artikulation lässt die gesellschaftlichen Verhältnisse unschärfer werden: Wer oder was ist es, das uns im politischen Diskurs gegenübertritt? Wer generiert künstliche Wirklichkeiten, die interessenbehaftet Kommunikationsprozesse beeinflussen? Im Kontext des Paulskirchenjubiläums ist da einiges zu diskutieren.

Mein Wunsch zum 175. Geburtstag der Paulskirche ist, dass wir uns auf die Stärken unserer freiheitlichen Demokratie besinnen und sie weiterdenken. Immer wieder wird sie bedroht.

Wir haben aus der Geschichte gelernt: Frieden und Demokratie sind nicht selbstverständlich. Ich wünsche mir, dass wir für unsere Demokratie einstehen und sie schützen. Damit sie auch in 175 Jahren wieder gebührend gefeiert werden kann.

Mike Josef wurde 1983 in Kamischli, Syrien, geboren. Als Teil der christlichen Minderheit verließ seine Familie 1987 das Land. Er hat Politikwissenschaft, Geschichte und Rechtswissenschaft an der Goethe-Universität studiert. Mike Josef wurde am 26. März 2023 zum neuen Oberbürgermeister der Stadt Frankfurt gewählt.

Demokratie in Bewegung

Paula Macedo Weiß

In der konditionierten Hektik des modernen Lebens gewöhnen wir uns im Alltag an unsere Umgebung und werden oft blind für das Andere. Vor zusätzlichen Reizen schützen wir uns, indem wir Alternativen blockieren oder ablehnen und uns generell nicht auf außergewöhnliche Wege führen lassen. Doch Unbekanntes begünstigt Wissen. In einem Umfeld, in dem alles normal ist, besteht die Gefahr, dass wir uns selbst nicht in Frage stellen und nie vorankommen.

Von Zeit zu Zeit ist es notwendig, bestimmte Archetypen zu löschen, sich von der bisherigen kollektiven Erfahrung zu distanzieren und dadurch Räume für neue Annäherungen und Bedeutungen zu öffnen. Es geht darum, mit Verhaltensmustern, Denk- und Wissenssystemen zu brechen und die Sphäre des Vorhersehbaren und die Komfortzone zu verlassen, sich neuen Verbindungen und Überlegungen zu öffnen durch eine Aufweichung der Methoden, freie Assoziation und die Überschreitung von Wahrnehmungsgrenzen. Es ist die Einladung zur Erprobung der Sinne in einer herbeigeführten Synästhesie, in der Erzählungen sich jenseits vorgegebener Muster suggestiv verbinden und in der Umgehung vorgefertigter

Vorstellungen in uns Gefühle erzeugen und Vorstellungskräfte freisetzen.

Nehmen wir das Bild auf der vorausgegangenen Seite als Beispiel: Die Fotobearbeitung stellt für mich automatisch und unwillkürlich eine Verbindung mit den verschiedenen Ebenen der Architektur und der Geschichte der Paulskirche her – und longa manus mit der deutschen Demokratie, was parallele Wahrnehmungen auslöst, als stünden die Sinne im Dialog miteinander. Sie löst unterschiedliche Empfindungen aus, die sich ergänzen und gegenseitig dabei unterstützen, das Nichtwahrnehmbare zu erspüren und zu erkennen. Das Bild ist ein Beispiel für schöpferische Vorstellungskraft, welche die Grenzen von Wort und Bild auflöst und in der Zeit verharrt.

Die Kunst, diese flüchtigen Momente zu bannen und gerinnen zu lassen, regt uns dazu an, unsere Art zu sehen, zu denken und sogar zu fühlen, zu dekonstruieren. Und das ist es, was Demokratie voraussetzt: Beweglichkeit und keine Angst vor Veränderung. Wie der Mensch ist auch die Gesellschaft nicht statisch und unempfindlich gegenüber Veränderungen.

Am 18. Mai 1848 trat in der Paulskirche erstmals die Deutsche Nationalversammlung zusammen. Diese Versammlung und die Vormärz-Bewegung führte zu einem solchen Wandel der Einstellungen und Werte, in meinen Worten: zu einer Revolution. Wenn wir das Wort Revolution hören, denken wir sofort an blutige Schlachten, aber es gibt auch tiefgreifende strukturelle Revolutionen, die von sozialen Sektoren aufgrund von Verhandlungen und Kompromissen artikuliert werden. Solche Umwälzungen geschehen nicht über Nacht. Die Transformationsprozesse, die zu den modernen demokratischen Gesellschaften geführt haben, brauchten Jahrzehnte, um sich zu konsolidieren, bis die neuen Paradigmen allgemein akzeptiert waren.

Eine der zentralen Fragen einer modernen Demokratie ist, wie sich verschiedene gesellschaftliche Gruppen dazu anregen lassen, trotz aller Unterschiede in Kontakt zu bleiben und zusammenzuhalten. Aus Anlass des 175. Jubiläums der Nationalversammlung sollten wir uns zu neuen Formaten der demokratischen Praxis anregen lassen und zur Offenheit gegenüber neuen partizipativen Erfahrungen. Das ist womöglich die große Chance unserer Gesellschaft: die Ungewissheit als Praxis der Freiheit zu akzeptieren und zu begreifen. Unsere Unzulänglichkeiten zu akzeptieren und zu akzeptieren, dass wir auf der Suche sind, aufeinander angewiesen und es verschiedene Arten zu leben gibt – eine Welt, in der viele Welten zusammengehen.

Dr. Paula Macedo Weiß, geboren 1969 in Londrina, Brasilien, ist Kulturproduzentin, Autorin und Juristin. Sie ist Mitbegründerin des Netzwerks Paulskirche.

Die Zerbrechlichkeit an den Anfang setzen

Programmteam des Netzwerks Paulskirche

Die Revolution beginnt mit der Zerbrechlichkeit", schreibt der Queer-Theoretiker Paul B. Preciado in seinem Buch „Ein Apartment auf dem Uranus". Am Anfang stehen für ihn nicht laute Fanfarenklänge, stürmische Reden oder kollektive Platzbesetzungen, sondern ein grundlegendes Eingeständnis über die Fragilität und Vulnerabilität unseres Zusammenlebens. Revolutionär ist in diesem Sinne eine veränderte Beziehungsweise zwischen uns und dem „Anderen". Was folgt aus diesem Verständnis für die Art und Weise, wie wir über Revolutionen nachdenken und an diese erinnern?

2023 jährte sich zum 175. Mal ein Ereignis, das als „Deutsche Revolution" in die Geschichtsbücher eingegangen ist. Am 18. Mai 1848 fanden sich Abgeordnete aus den deutschen Ländern in der Frankfurter Paulskirche ein, um die erste verfassungsgebende Nationalversammlung einzuberufen. Der deutsche Parlamentarismus war geboren. Als John F. Kennedy im Jahr 1963 – mehr als ein Jahrhundert später – die Stadt besuchte, wird er sagen: Die Paulskirche ist „the Cradle of the German Democracy", die

Wiege der deutschen Demokratie. An diese Geburtsstunde sollte 2023 erinnert werden, in und über Frankfurt hinaus. Der 175-jährige Gedenktag war dabei nicht die erste erinnerungspolitische Feierstunde dieser Art. Periodisch stattfindende Jubiläen wie dieses dienen dazu, sich aus der Gegenwart heraus an die Vergangenheit zu besinnen, um mit dem Blick von Heute das Gestern für ein kommendes Morgen besser zu begreifen. Jede Zeit hat somit ihre Fragen, ihren Problemhorizont, mit dem sie auf die eigene Geschichte blickt. Aus welchen genealogischen Reservaten man dabei schöpft, welche Narrative man bemüht und von welchen Subjekten man erzählt, zeigt immer auch, wie und an wen man erinnert. Wie also wollen wir uns unsere eigene Demokratiegeschichte erzählen? Und wem?

Das neugegründete Netzwerk Paulskirche nahm das Jubiläum zum Anlass, um über diese Fragen nachzudenken. Den Ausgangspunkt bildete dabei die Einsicht, dass Demokratie als eine Lebensform verstanden werden kann, die mehr bedeutet als „einfach" nur zu wählen. Demokratie ist keine Regierungsweise oder Staatsform, sondern etwas, das vor Ort und im Alltag der Menschen praktiziert und erfahren wird. Demokratie als Lebensform meint somit beides: sowohl das Zusammenkommen unter dem Banner des Geteilten als auch das Raumgeben für die Verschiedenheit und Pluralität aller Menschen einer Gesellschaft. Es bedeutet, Gemeinsames sichtbar zu machen und gleichzeitig die Risse, Brüche und Diskontinuitäten anzuerkennen, die noch immer konstitutiv dafür sind, warum sich bestimmte Menschen mit bestimmten Räumen, Ereignissen und Gruppen identifizieren – und andere nicht.

An 1848 zu erinnern heißt dann auch, von all jenen zu erzählen, die bislang kaum Einzug in die politische Erinnerungskultur gefunden haben: Dem akademisch geprägten Honoratiorenparlament von damals sollten im Jahr 2023 multiple Perspektiven gegenübergestellt werden, die sich nie nur auf eine Identität reduzieren lassen. Folgt man Paul B. Preciado in seiner Erkenntnis, dass die Revolution mit der Zerbrechlichkeit beginnt, dann muss man heute explizit das Leise und Fragile, das Anfällige und Unvernommene ins Zentrum stellen und die mikropolitischen Frakturen beleuchten, die ein vermeintlich geronnenes soziales Sein aufbrechen (können). 2023 (und darüber hinaus) an 1848 zu erinnern heißt, auch Geschichten jenseits der Mehrheitsgesellschaft zu erzählen und Stimmen anzuhören, die allzu lange nur als unbehagliches Hintergrundrauschen ihren Platz finden durften. Dazu gehört auch, immer wieder laut darauf aufmerksam zu machen, dass noch heute knapp zehn Millionen Menschen in Deutschland nicht berechtigt sind, wählen zu gehen, um über die Zukunft des Landes mitzuentscheiden, in dem sie leben. An das Erbe der „Deutschen Revolution" anzuschließen, kann also nur bedeuten, über sie hinauszugehen und anders über sie zu denken. Revolutionär ist heute, das Zerbrechliche an den Anfang zu setzen.

Im Netzwerk Paulskirche haben sich über 40 zivilgesellschaftliche Akteurinnen und Akteure genau diesem Programm verschrieben. Anstatt einer rein musealen Affirmation des Gewesenen zu frönen, sollten Demokratieprozessen, -projekten und -praktiken Raum geben werden, die die Mitbestimmung in den Fokus rücken. Ziel war (und ist es), Demokratie als etwas stets nur im Kommenden zu verstehen, als eine gemeinsame Praxis, die sich niemals erschöpft. Die Aktivitäten des Netzwerks waren deshalb nicht auf den 18. Mai begrenzt, sondern erstreckten sich prozesshaft über zwei Jahre: von der ersten Veranstaltung im Herbst 2022 über das Jubiläumsjahr 2023 bis hin zur Etablierung und dauerhaften Fortführung bestimmter Formate im Jahr 2024. Dabei liefen insbesondere während der Frankfurter Tage der Demokratie vom 12. bis zum 17. Mai 2023 viele Projekte und Veranstaltungen zusammen. An mehreren Tagen kam es zu vielfältigen Begegnungen und Veranstaltungen unterschiedlichster Größe und Art. Entscheidend ist für uns dabei ein dezentraler Ansatz. Demokratie findet nicht nur an „altehrwürdigen" Orten wie der Paulskirche statt, sondern überall in der Stadt: auf öffentlichen Plätzen, in den Saalbauten, in den Stadtteilen, im Offenen Haus der Kulturen und vielen weiteren Frankfurter Orten. Demokratie, verstanden als eine »Demokratie der Sinne« (Judith Butler), soll dadurch in ihrer Multidimensionalität erfahrbar werden. So entsteht ein offener Raum in der gesamten Stadt, der das, was Demokratie jenseits von Wahlen und Parlamentsdebatten noch alles ist, nicht nur kartografiert, sondern performativ in Szene setzt. Jubiläen, wie jenes 2023, können hierfür ein kritischer Anstoß sein. Sie ermöglichen es (im Bestfall), andere Stimmen hörbar zu machen, neue Räume zu erschließen und informierter auf die Vergangenheit zu blicken. Was daraus (für die Demokratie) folgen mag, ist jedoch ungewiss und kann immer wieder nur in der und durch die Praxis selbst bewiesen werden.

Das Programmteam des Netzwerks Paulskirche: Prof. Dr. Nicole Deitelhoff, Ben Christian, Dr. Paula Macedo Weiß, Dominik Herold, Thomas Gebauer

Wer entscheidet? Frankfurt soll ein Haus der Demokratie bekommen

Nicole Deitelhoff

Um Demokratie wird gerungen. Was es heißt, in einer Demokratie zu leben, wie sie am besten zu verwirklichen ist und nicht zuletzt, sondern ganz alltäglich, wie eine Gesellschaft, die sich demokratischen Regeln unterwirft, zusammenleben will, ist immer schon strittig. Es ist geradezu das Definitionsmerkmal der Demokratie, dass es niemanden gibt, der diese Fragen autoritativ für alle beantworten kann. Der französische Philosoph Claude Lefort drückte das einst so aus: Der Ort der Macht, der zuvor von Gott oder dem König besetzt worden sei, bleibt in der Demokratie leer. Um ihn wird gekämpft, er wird regelmäßig besetzt werden, aber ebenso regelmäßig geräumt: In der Demokratie gibt es keine letzten Gewissheiten mehr, sondern die Freiheit, solche immer wieder neu zu schaffen und zu verwerfen.

Es ist daher nicht verwunderlich, dass auch über das Gedenken an Demokratie gerungen wird, denn auch dafür kann es in einer demokratischen Gesellschaft nicht den einen einzig richtigen Weg geben. Vielfältige Perspektiven auf Demokratie, ihre Ursprünge, ihre Leistungen und Schwächen konkurrieren und müssen miteinander vermittelt werden. Die Paulskirche steht wie kaum ein zweiter Ort für das Gedenken an die Ursprünge der deutschen Demokratie, den Frühparlamentarismus und die demokratischen Revolutionen und natürlich wird darum gerungen, wie dieses Gedenken angemessen zu gestalten ist. Das beginnt mit der baulichen Gestaltung der Paulskirche in der Frage, ob die nüchterne Nachkriegsgestaltung ihrer historischen Bedeutung gewachsen sei und verlagerte sich auf die Feierlichkeiten anlässlich des 175-jährigen Jubiläums der Paulskirchenversammlung. Debattiert wurde etwa, ob und wie stark darin die historische Bedeutung dieses ersten deutschen Parlaments zur Geltung kommen solle. Manfred Köhler von der F.A.Z. vermutete jüngst, dass das Netzwerk Paulskirche, das sich im vergangenen Jahr aufgemacht hat, die Feierlichkeiten aus zivilgesellschaftlicher Perspektive mitzugestalten, desinteressiert an der Geschichte des Parlamentarismus sei und man befürchten müsse, dass „die historische Leistung von 1848 auf die Größe einer Erbse (…) schrumpf(t)", während „zeitgeistige Fragen und Utopien, wie sie in linken Diskursen eine Rolle spielen mögen", zu dominieren drohen und damit, so die Interpretation, das demokratische Erbe verkennen.

Es wird gerungen um Demokratie und um das Gedenken an sie und das ist gut so, weil es die Debatte, die Demokratie auszeichnet, aktualisiert und für die Gesellschaft greifbar macht. Auch eine Portion Polemik schadet überhaupt nicht, denn sie provoziert, über die eigene Position nachzudenken und sie einzubringen in die Debatte. In der Gestaltung des Paulskirchenjubiläums reden schon viele mit, aber es sind viele, die ohnehin immer reden: ein Expertenrat von Bund, Land und Stadt bestückt, verschiedentliche wissenschaftliche Studien und Abhandlungen über ein Haus der Demokratie, das der Pauskirche an die Seite gestellt werden soll und Intellektuelle in den Feuilletons.

Wenn wir uns aber darauf einigen können, dass es nicht die eine richtige Antwort auf Demokratie gibt, dann müssen diejenigen in die Debatte geholt werden, um die es in der Demokratie geht: Alle! Das Haus der Demokratie soll das leisten: Es soll ein Haus werden für alle, für alle Frankfurterinnen und Frankfurter, egal ob sie die Geschichte der Paulskirchenversammlung als Teil ihrer Geschichte empfinden oder nicht, und für alle anderen, die sich mit der Geschichte der Demokratie, ihrer Gegenwart und Zukunft auseinandersetzen wollen, d. h. Fragen haben, aber auch Antworten testen und Neues probieren wollen.

Im Haus der Demokratie soll Demokratie unmittelbar und mit allen Sinnen erlebbar werden. Dem Verlust an Vertrauen gegenüber den Institutionen, Verfahren und Praktiken der realen Demokratie, den Umfragestudien seit geraumer Zeit dokumentieren, soll praktische Erfahrung gegenübergestellt werden. Idealiter über die Zusammenarbeit der Kultur- und Bildungsstätten, der zivilgesellschaftlichen Initiativen und öffentlichen Organe soll die Bedeutung von Demokratie in allen Bereichen der Gesellschaft, von der Kunst bis zur Wirtschaft, vermittelt werden, soll über ihre Zukunft nachgedacht und sie ausprobiert werden können.

Nichts davon funktioniert, ohne den Blick in die Geschichte zu werfen, ohne zu lernen aus den Erfahrungen, die vergangene Generationen und Bewegungen mit Demokratie gemacht haben. Wie sie gerungen haben, wo sie gescheitert sind und wo sie erfolgreich waren. Aber es gilt auch: Nichts davon fruchtet, wenn der Blick sich nicht aus der Geschichte auf die Gegenwart und Zukunft richtet und auf das neue Unbekannte, das dort wartet. Die Demokratie, die wir heute kennen, hat kaum mehr etwas mit der Demokratie der Antike zu tun. Die beiden politischen Theoretiker Hubertus Buchstein und Dirk Jörke argumentieren daher, dass der Begriff der Demokratie im Gegensatz zu anderen politischen Begriffen heute noch so wirkmächtig sei, gerade weil seine Bedeutung immer schon so heftig umstritten war.

Im Streit eröffnen sich neue Perspektiven auf Demokratie, eignen sich Menschen aber demokratische Normen und Werte auch an. Sie schreiben sich gleichsam in sie hinein. Um das zu erreichen, muss auch das Haus der Demokratie nicht nur allen offen stehen, sondern es müssen sich auch alle hineinschreiben dürfen. Aus diesem Grund sollte auch über das Haus der Demokratie nicht nur in Expertengremien debattiert und in Feuilletons gestritten werden, sondern die Bürgerinnen und Bürger sollten darüber entscheiden, wie ihr Haus der Demokratie aussehen sollte, denn für sie ist es gemacht.

Wenn die Stadt eine solche schon begrifflich merkwürdig anmutende „Bürgerbeteiligung" auf den Weg bringt, ist zu hoffen, dass sie sie nicht exklusiv versteht als Angelegenheit einiger weniger Ausgeloster, die sich in Konferenzsälen über Monate über Pläne beugen und dann ein Urteil abgeben. Sondern dass sie einen dynamischen Prozess vorsieht, der zu den Bürgerinnen und Bürgern in ihren lebensweltlichen Nischen kommt, der sie einlädt zu kommentieren und zu initiieren, sodass am Ende ein lebendiger Streit, vielfältige Perspektiven und daraus ein echtes Haus der Demokratie in Frankfurt, aber für alle entsteht.

Prof. Dr. Nicole Deitelhoff ist Politikwissenschaftlerin an der Goethe-Universität Frankfurt und leitet das Leibniz-Institut hessische Stiftung Friedens- und Konfliktforschung. Außerdem ist sie Sprecherin des Forschungsinstituts gesellschaftlicher Zusammenhalt. 2021 hat Nicole Deitelhoff eine Konzeptstudie für das Haus der Demokratie erstellt.

Nicht entmutigen lassen

Stephan Hebel

Wer von der U-Bahn-Station Parlamentsplatz Richtung Ostpark spaziert, kommt auf dem kürzesten Weg durch die Juchostraße. Benannt ist sie nach Friedrich Siegmund Jucho, einem Frankfurter Rechtsanwalt und Notar. Die Verewigung auf den Straßenschildern im Ostend hat sich Jucho (1805–1884) redlich verdient: Als Mitglied der Bewegung für einen demokratischen Nationalstaat nahm er 1832 am „Hambacher Fest" teil, einem ersten Höhepunkt der deutschen Freiheits- und Verfassungsbewegung, die 1848 mit der Nationalversammlung in der Paulskirche ihren Höhepunkt erreichte. Seine demokratischen Umtriebe brachten dem Juristen 1834 die Verhaftung und einen Hochverratsprozess ein, bis 1839 saß er erst in der Konstablerwache, dann in der Festung Hartenberg bei Mainz.

Umso größer muss für den 42-Jährigen das Gefühl der Befreiung gewesen sein, als er am 18. Mai 1848 in die Paulskirche einzog, um als gewählter Abgeordneter seiner Heimatstadt in der Nationalversammlung über eine Verfassung für ganz Deutschland zu beraten. Jucho und viele seiner Parlamentskollegen werden das historische Ereignis auch als Lohn für ihr Durchhaltevermögen empfunden haben. Denn sie hatten auch in den Jahren der autoritären Restauration vor 1848 nicht aufgegeben, in denen ein Erfolg der Demokratiebewegung wie eine irreale Utopie erschienen sein musste. „Indem sie in jener schweren Zeit sich nicht entmutigen ließen", schrieb Jucho 1848, „verhüteten jene Männer das Einreißen gänzlicher Trost- und Hoffnungslosigkeit im Volk und wurden die wahren Hüter des verborgenen Freiheitsfunkens."

Sich in schwerer Zeit nicht entmutigen zu lassen: Das klingt wie ein Appell, der angesichts des grassierenden Autoritarismus und Nationalismus unserer Tage so gültig ist wie lange nicht mehr. Wie eine Aufforderung, das Gedenken an den Beginn der Frankfurter Nationalversammlung vor 175 Jahren mit der Suche nach „Freiheitsfunken" zu verbinden – gerade dort, wo Freiheit und Demokratie ganz gegenwärtiger Bedrohung ausgesetzt sind. In diesem Sinne gilt es nicht nur, die zweifellos großen Verdienste der „48er" zu würdigen. Es gilt auch, ihren demokratischen Aufbruch als Auftrag zu verstehen für die Verteidigung und Weiterentwicklung demokratischer und – davon aus heutiger Sicht nicht zu trennen – sozialer Rechte.

Aus dieser Überzeugung ist, neben vielen anderen Aktivitäten im zivilgesellschaftlichen „Netzwerk Paulskirche", die Idee einer „globalen Versammlung" entstanden. Der Grundgedanke: So wenig fortschrittlich manches am Paulskirchenparlament aus heutiger Sicht erscheint – nur Männer, fast nur Honoratioren, nationales Pathos allenthalben –, so revolutionär war doch damals das Ansinnen, aus dem zersplitterten Land einen geeinten Raum bürgerlicher Rechte und Freiheiten zu machen. Aber in der Ära der Globalisierung lassen sich Demokratie und Freiheit nicht mehr allein innerhalb nationaler Grenzen denken. Heute geht es darum, über globale Demokratie zu reden.

Genau diesem Zweck soll die „Global Assembly" dienen: Menschen aus aller Welt, die sich im Ringen um bedrohte Freiheitsrechte nicht entmutigen lassen, diskutieren am historischen Ort über die Vision einer globalen Demokratie. Nicht nur in der Paulskirche übrigens, sondern auch im Studierendenhaus auf dem Bockenheimer Campus, das sich gerade zum „Offenen Haus der Kulturen" entwickelt, also (neben der Paulskirche) zu einem weiteren Ort demokratischen Aufbruchs in Frankfurt.

Es geht bei der globalen Versammlung eher nicht darum, eine „Weltverfassung" zu schreiben, und was am Ende herauskommt, bestimmen die Teilnehmenden ohnehin selbst. Auf jeden Fall aber soll ein offener Austausch über Elemente eines „Kosmopolitismus von unten" ermöglicht werden, der den sozialen Brüchen der kapitalistischen Globalisierung und der weithin unerfüllten Hoffnung auf eine von Nationalstaaten getragene Friedensordnung etwas entgegensetzt. „Kosmopolitismus von unten", so lautete denn auch der Titel des Symposiums vom 1. bis 3. Oktober 2022, mit dem die Versammlung in die letzte Phase der Vorbereitung ging. Mit Gästen aus

Wissenschaft, Kultur und Praxis haben sich die Einladenden über bestehende Ansätze und Ideen für eine demokratische Globalisierung ausgetauscht.

Im Mai 2023 haben sich dann 44 Menschen aus aller Welt versammelt, die sich in sozialen Bewegungen, in der Wissenschaft oder in Kunst und Literatur für demokratische und soziale Rechte engagieren.

All das mag utopisch erscheinen in diesen Tagen, da vielerorts die Gewalt regiert und Freiheitsrechte zur Disposition stehen. Aber erschien das Festhalten an der Idee eines vereinten Deutschlands mit verfassungsmäßig garantierten Rechten für alle nicht auch zunächst utopisch?

Die Initiative, die die „Global Assembly" auf den Weg gebracht hat, nannte sich nicht ohne Grund „Der utopische Raum im globalen Frankfurt". Getragen wurde sie von der Stiftung medico international, dem Institut für Sozialforschung, der Frankfurter Rundschau sowie einigen Einzelpersonen: der Literaturagentin Nina Sillem, der Sozialwissenschaftlerin Almut Poppinga und ihrem Kollegen Felix Trautmann sowie dem Historiker und Kurator Gottfried Kößler. Utopie, so die gemeinsame Überzeugung, bedeutet nicht das bunte Ausmalen schöner Welten jenseits der Wirklichkeit. Es bedeutet vielmehr, im Licht der „Freiheitsfunken", die von engagierten Menschen in aller Welt am Glühen gehalten werden, die Konturen einer demokratischen und gerechten Welt aufscheinen zu lassen.

Robert Blum, der sächsische Parlamentskollege von Friedrich Siegmund Jucho, hat einmal geschrieben: „Es hätte nie ein Christentum und nie eine Reformation und keine Staatsrevolution und überhaupt nichts Gutes und Großes gegeben, wenn jeder stets gedacht hätte: ‚Du änderst doch nichts!'" Ist das nicht ein klarer Auftrag, gerade jetzt die Paulskirche zum „utopischen Raum" zu machen?

Stephan Hebel, geboren 1956 in Frankfurt, hat fast 40 Jahre lang als Redakteur und Autor für die Frankfurter Rundschau sowie als Buchautor gearbeitet. Er schreibt jetzt als freier Publizist neben der FR vor allem für die Wochenzeitung Der Freitag. Außerdem vertrat er die FR in der Initiative „Der utopische Raum", die die globale Versammlung in der Paulskirche initiiert hat.

Geistige Landkarte

Vinzenz Hediger

Am 24. Februar 2022 hat sich die Mitte Europas nach Osten verschoben. Mit einem Schlag machte der auf die Auslöschung der Ukraine zielende russische Angriffskrieg deutlich, dass zu Europa, zum demokratischen und nach Demokratie strebenden Europa, viel mehr gehört, als wir bislang wahrnehmen wollten. Die Distanz von Frankfurt nach Lviv ist dieselbe wie diejenige von Lviv nach Mariupol: 1300 Kilometer. Wenn wir uns, wie beim anstehenden Festival „Der Konflikt der Demokratien" die Frage nach der Zukunft der Demokratie stellen und danach, welcher Form der Demokratie die Zukunft gehören soll, dann brauchen wir auch eine neue geistige Landkarte Europas, die diesen Dimensionen Rechnung trägt.

Wie bekommen wir eine solche geistige Landkarte?

Wir bekommen sie, indem wir uns ein genaueres Bild machen. Wir müssen nach den Quellen des Freiheitswillens fragen, der die Menschen in Mittel- und Osteuropa antreibt und die Menschen in der Ukraine so entschlossen und erfolgreich gegen die russischen Aggressoren kämpfen lässt. Dafür brauchen wir mehr Wissen über die Geschichte und Kultur der Ukraine. Erst in den letzten dreißig Jahren ist die Geschichte der Ukraine, eines „Grenzlandes", zur Geschichte eines nach Demokratie strebenden Nationalstaats geworden. Zuvor war sie über Jahrhunderte eine Geschichte der Kolonisierung, durch das russische Zarenreich und seinen Nachfolger, die Sowjetunion, aber auch durch das nationalsozialistische Deutschland, das die Ukraine zur Kornkammer des „Lebensraums" im Osten machen wollte und dafür Millionen von Menschenleben auszulöschen bereit war.

Solches Wissen produzieren nicht zuletzt die Geisteswissenschaften. Man denke an die vielen hervorragenden Spezialisten für Mittel- und Osteuropa in der Geschichtswissenschaft, in der Politikwissenschaft und den Sprach- und Kulturwissenschaften, die gerade in der Öffentlichkeit einen Wahrnehmungswandel herbeiführen. Kolleginnen wie Franziska Davies von der LMU München oder Jan C. Behrends von der Viadrina Universität in Frankfurt/Oder.

Zugleich gilt es einen Vorbehalt anzumelden.
Die Geisteswissenschaften sind in diesem Krieg nicht nur Beobachter. Sie tragen auch eine Verantwortung für den Krieg. Zum einen betrifft dies die Versäumnisse in der Aufarbeitung und Wahrnehmung der Geschichte und Kultur Mittel- und Osteuropas, zu denen eine fast ausschließliche Fixierung auf russische Sprache und Geschichte in slawistischen Instituten und in der Osteuropageschichte zählt. Versäumnisse, die unter anderem einen Nachhall finden in den „offenen Briefen" deutscher Intel-

lektueller und Künstler, die meinen, über die Zukunft und Freiheit der Menschen in der Ukraine verfügen zu können, als hätten diese keine eigene Handlungsmacht als historische Subjekte, und die reden, als wäre die staatliche Ordnung Europas östlich der Oder etwas, was die Russen und die Deutschen untereinander ausmachen müssten.

Es gibt aber auch noch eine direktere Verantwortung der Geisteswissenschaften, über die Komplizenschaft hinaus, die aus Ignoranz entsteht. Zur russischen Führungsspitze zählen überdurchschnittlich viele Geisteswissenschaftler: Karriereoffiziere des Geheimdienstes, Diplomaten, Regierungssprecher, die Abschlüsse in Arabistik, Sinologie, Archäologie haben. Alles Studienfächer, die auch Herrschaftswissen vermitteln: Wissen, das schon im Zarenreich die interne Kolonisierung Russlands und die Einverleibung neuer Gebiete unterstützte; Wissen, das in der Sowjetunion eine wichtige Grundlage der globalen Einflussnahme bildete und nun für die politischen Ziele der russischen Föderation genutzt wird (die Kontinuitäten sind real; 60 Prozent von Putins innerem Führungszirkel haben Verbindungen zur Sowjet-Nomenklatura, wie eine aktuelle Studie zeigt). Es sind auch solche Geisteswissenschaftler, die zu einem guten Teil für Russlands hybride Kriegsführung verantwortlich sind. Der hybride Krieg, wie ihn Russland vom Zaun gebrochen hat, ist eine Form der kulturellen Produktion. Er wird mit Armeen und zugleich mit Erzählungen, Figuren und Bildern geführt. Es sind Leute mit geisteswissenschaftlichem Hintergrund

und literarischer und künstlerischer Bildung, die für die russische Sicht der mittelosteuropäischen Geschichte und Kultur verantwortlich sind, die im Krieg als Rechtfertigung der russischen Aggression dient. Bis hin zum Filmregisseur Nikita Mikhalkov, einst Cannes-Sieger, jetzt regimetreuer Verächter der ukrainischen Sprache und Kultur. Es sind solche Leute, die als Zuträger des Regimes die gesellschaftlichen Widersprüche in Westeuropa und USA identifizieren, die russische Online-Bots und von Russland finanzierte Parteien und andere politische Akteure dann auszubeuten versuchen.

In dieser Mitverantwortung der Geisteswissenschaften liegt ein doppelter Auftrag. Die Geisteswissenschaften müssen sich zum einen ihrer Verantwortung in einer demokratischen Gesellschaft stets bewusst sein. Sie müssen sich bewusst sein, dass Forschung und Lehre so oder so eine Form des gesellschaftlichen Engagements sind. Den Elfenbeinturm gibt es nicht, nicht in Deutschland und schon gar nicht in Russland. Zum anderen gilt: Gerade insofern und weil es auch geisteswissenschaftliches Wissen ist, das in diesem Krieg als Waffe eingesetzt wird, fällt es zu einem Teil auch den Geisteswissenschaften zu, dieses Wissen als solches zu verstehen, zu kontern und zu neutralisieren.

Ein Beispiel für den Krieg des Wissens liefert eine Gruppe von Online-Aktivisten, die sich unter dem Hashtag #NAFO zusammengeschlossen haben. NAFO steht für „North Atlantic Fella Organisation". Die „Fellas" sind

Comic-Hunde in Fantasie-Kostümen, die auf Twitter in Horden mit improvisierten Memes über russische Desinformation herfallen und die Verlautbarungen russischer Regierungsvertreter in einer Flut von Unsinn untergehen lassen. „Die Russen haben archaische Troll-Farmen und Bots. Wir haben NAFO. Und am Ende siegt die Wahrheit", sagte jüngst ein Berater des ukrainischen Präsidenten Selenskyj. Kunstwert haben die „Fella"-Hunde nicht. Aber als spontan organisierte Form der strategischen Kulturproduktion in Kriegszeiten sind sie signifikant. Gerade in Deutschland macht in manchen Kreisen die Furcht vor einem neuen ukrainischen Nationalismus die Runde. NAFO ist ein internationales Netzwerk. Ganz in der Tradition des Dadaismus, aber mit Konsequenzen außerhalb der Kunst, zeigen sie die befreiende Kraft eines grenzüberschreitenden Unsinns, aus dem am Ende Wahrheit entsteht. Und leisten damit auf ihre Weise einen Beitrag zu einer neuen geistigen Landkarte eines demokratischen Europa.

Prof. Dr. Vinzenz Hediger ist Filmwissenschaftler an der Goethe-Universität Frankfurt. Er ist Co-Sprecher des Exzellenzprojekts „ConTrust. Vertrauen und Konflikt. Politisches Leben unter Bedingungen der Ungewissheit" und Sprecher des Forschungszentrums für historische Geisteswissenschaften.

Welche Orte braucht die Demokratie?

Ben Christian und Dominik Herold

Wir sind es gewohnt, Demokratie als Staatsgebilde oder Regierungsform zu verstehen. Wir lernen das schon in der Schule: Demokratie als Herrschaftsorganisation, in Abgrenzung etwa zur Monarchie oder Aristokratie. In den Alltag übersetzt bedeutet dieses Verständnis von Demokratie zumeist, dass man alle fünf Jahre wählen geht und dabei seine politischen Interessen „delegiert".

Die Orte der Demokratie

Wenn man so über Demokratie redet, läuft man Gefahr, die vielfältigen Räume, die eine Demokratie zu einer gelebten Demokratie machen, aus den Augen zu verlieren. Man reduziert sie auf institutionelle Gefüge: auf Partei, Parlament und Wahllokal. Diese Orte sind elementar – keine Frage. Sie sind ein zentraler Bestandteil der Demokratie, aber sie sind eben nicht alles. Demokratie ist mehr. Sie ist eine Praxis. Der Kollektivsingular – die Demokratie – verdeckt das mitunter. Eigentlich müsste man von Demokratie in der Verbform sprechen, denn was sie auszeichnet, ist ihr Tun oder besser: dass Menschen sie praktizieren. Sie erleben. Anteil nehmen. Sie mitgestalten.

Und das niemals alleine, sondern immer schon im Plural. »Acting in concert«, wie Hannah Arendt schrieb.

Eben weil sie nicht feststeht, weil ihr ein grundlegendes Veränderungspotenzial innewohnt, kann sie sich gegen drohende Gefahren wie den Faschismus wehren und die rassistischen, sexistischen oder antisemitischen Dunkelstellen ihrer eigenen Vergangenheit (und Gegenwart) aufklären. Demokratie, so könnte man sagen, treibt immer über sich hinaus. Sie verweigert es, sich eine definitive Form zu geben. Mit anderen Worten: Wer Demokratie vollumfassend definieren will, muss immer schon scheitern.

Blickt man mit dieser Einsicht auf die Eingangs gestellte Frage, welche Orte eine Demokratie braucht, ist man mit einer paradoxen Konsequenz konfrontiert. Demokratie hat keinen Ort und doch ganz viele. Eben weil Demokratie überall stattfinden kann (und muss), ist sie – potenziell – an jedem Ort. Weil aber kein Ort für sich beanspruchen kann, der einzige zu sein, an dem Demokratie (ver-)wirklich(t) ist, heißt das auch, dass sie nie irgendwo ist. So betrachtet ließe sich auch sagen, dass sie eine Utopie im wörtlichen Sinne ist. Ein U-topos. Ein Nicht-Ort.

Heutzutage schrumpfen die demokratischen Räume. Das hat viele Gründe. Gentrifizierung, Privatisierung, Digitalisierung, Individualisierung – die Liste ließe sich beliebig fortsetzen Am Ende fehlt es buchstäblich an verfüg- und nutzbaren Räumen.

Hier gilt es zu intervenieren. Denn verliert die Demokratie ihre heterogenen Räume, macht sie sich gewissermaßen handlungsunfähig. Sie braucht diese Orte, um sich ihrer selbst zu vergewissern. Um die eigene demokratische Selbstwirksamkeit, ihr Praktisch-Werden zu affirmieren. Die Rede vom Utopischen hat dann einen faden Beigeschmack. Sie vertröstet uns gewissermaßen auf ein Morgen, in dem alles besser ist.

Anders-Handeln

Vielleicht könnte man Utopie aber auch anders verstehen. Als konkrete Utopie(n). Dann rücken all diejenigen Orte in den Blick, an denen das Utopische bereits heute real ist. Orte, die alternative Weisen darstellen, wie wir unser soziales und politisches Zusammenleben gestalten können; die Antwort geben auf die Vielzahl der Krisen, die unsere Gesellschaft gegenwärtig durchziehen. Genau genommen sind diese Orte konkrete Utopien, um mit Michel Foucault zu sprechen, Heterotopien. Gegen-, oder Anders-Orte. Sie zeigen auf, dass die Welt, so wie sie ist, nicht sein müsste, dass es eine andere Verkörperung gibt. Warum ist das so wichtig? Viele Menschen fühlen sich politisch ohnmächtig. Sie glauben nicht mehr an den lange propagierten Fortschritt. Dass sich die Dinge ändern können, scheint uns häufig unvorstellbar. Wir müssen das ernst nehmen. Denn diese affektiven Überzeugungen beeinflussen auf signifikante Art und Weise, wie wir unsere Welt wahrnehmen und mit wem wir uns identifizieren. Sie wirken auf unsere Gedankenwelt, schreiben sich ein in unsere Körper. Deswegen ist Demokratie auch immer eine Lebensform, weil sie unsere Leben formt. Nur wenn wir demokratische Orte schaffen, die das Anders-Werden der Demokratie (und damit auch von uns selbst) ermöglichen, können zukunftsfähige demokratische Praktiken und Heterotopien entstehen.

DemokratieWagen und Demokratiekonvent als Anders-Orte

Der Verein mehr als wählen e.V. versucht, in Frankfurt solche Anders-Orte zu schaffen. Mit dem regelmäßig stattfindenden Demokratiekonvent, einem gelosten Bürgerrat, und dem DemokratieWagen, einem mobilen Erfahrungsraum für demokratische Praxis, sollen Orte (im Plural) etabliert werden, an denen Demokratie anders erlebt und gestaltet werden kann. An beiden Orten geht es um Demokratie in der Verbform, um das aktive Praktizieren und demokratische Mitgestalten unserer Gesellschaft. Während der Demokratiekonvent versucht, mit zufällig ausgewählten Menschen aus allen Teilen der Gesellschaft gemeinsam Politik zu gestalten (durch Beratung, Diskussion und die Entwicklung von Handlungsempfehlungen für die Stadtpolitik), ermöglicht es der DemokratieWagen, überall in Frankfurt (und eben nicht nur an den oben erwähnten „altehrwürdigen Orten") über politische Fragen niedrigschwellig ins Gespräch zu kommen, und Demokratie stärker in unser aller Alltag zu integrieren.

Diese zwei Formate werden für sich alleine das dominante (und aus unserer Sicht verkürzte) Verständnis von

Demokratie als Regierungsform nicht aufbrechen können. Aber der Demokratiekonvent und der Demokratie-
Wagen können kleine Keimzellen sein: Orte, an denen
eine andere demokratische Praxis aufscheint, die dann
von dort weitergetragen wird. Denn darauf kommt es an.
Es geht nicht nur darum, neue demokratische Orte zu
schaffen, sondern auch und vor allem darum, bestehende
Orte zu demokratisieren, sie anders zu gestalten. Demokratie als Lebensform lässt sich eben nicht auf einzelne
Orte begrenzen, sie durchdringt alle Orte. Unser Ziel
muss es folglich sein, die Orte unseres Alltags – die Schule,
den Betrieb, die Universität – zu demokratisieren, sie zu
transformieren in Orte gelebter Demokratie.

Ben Christian und Dominik Herold sind Ko-Sprecher von mehr
als wählen e.V., einer seit 2018 bestehenden und in Frankfurt am
Main ansässigen NGO, die sich mit ihren Formaten für mehr
politische Mitbestimmung und Beteiligung einsetzt. Mit dem
Demokratiekonvent, dem
DemokratieWagen oder
dem Netzwerk Paulskirche
engagiert sich mehr als
wählen e.V. für ein breites
Verständnis von Demokra-
tie als Lebensform.

An die Freunde der Demokratie

Ina Hartwig

Deutschland stand schon oft am politischen Scheideweg. Mut und Aufbruch wechselten sich mit einer merkwürdigen Unentschlossenheit, nicht selten mit Ängstlichkeit ab. Die Deutschen können beides sein. Und ihre Revolution zeigt das eindrücklich. 1848 war diese Revolution, in der so vieles gelang, was die weitere Geschichte und unser aller Leben in diesem Land bis heute prägt. 1848 war kein Scheitern, es war ein kämpferischer Aufbruch. Die deutschen Revolutionärinnen und Revolutionäre brachten eine Verfassung hervor, die Maßstäbe setzte. Einige der Verfassungsartikel wie die Meinungs- und Pressefreiheit oder die Gleichheit vor dem Gesetz gingen nahezu wörtlich in die Verfassungen der Weimarer Republik und der Bundesrepublik ein. Insbesondere die bisher noch zu wenig beleuchtete Bewegung der Demokratinnen und Demokraten sowie der Linksliberalen stand für die politische Selbstbestimmung ein, etwa durch ihre jüdischen Abgeordneten und die vielen Frauen, die nicht als Abgeordnete vertreten waren, aber den politischen Diskurs entscheidend beeinflussten. Friedrich Hecker, Emma Herwegh, Theodor Fontane, Luise Otto-Peters, Gabriel Riesser und Amalie Struve standen zugleich für ein neues Ethos des Politischen: die Repräsentanten des Volks sollten sagen, was sie machen und machen, was sie sagen. Das war vorher anders: Die Lüge war ein probates Mittel, wenn sie nur die Herrschaft der Wenigen oder des Einen festigte.

Die Paulskirchenverfassung hätte eine der modernsten Grundgesetze ihrer Zeit sein können – hätten sich die alten Kräfte, allen voran Preußen, darauf eingelassen und hätten die neuen Kräfte sich nicht spalten lassen. Stattdessen ließ Preußens König Friedrich Wilhelm IV. die Revolution gewaltsam niederschlagen und lehnte den vom Paulskirchenparlament noch vergleichsweise vermittelnden Vorschlag einer konstitutionellen Monarchie ab.

Viele Revolutionäre flohen ins Ausland und trugen dort zum Blühen der Demokratie bei, wie in den Vereinigten Staaten, oder sie machten als zersprengte, vereinzelte Bewegung tapfer weiter. Preußens Plan ging auf, es konnte die nationale Karte später ganz für die eigene Sache ausspielen. Die Einigung der meisten deutschen Staaten wurde 1871 unter deutlich anderen politischen Vorzeichen vollzogen. Die dabei verabschiedete Reichsverfassung billigte zwar trotz der weitgehenden Befugnisse für das nun „Deutscher Kaiser" genannte Staatsoberhaupt dem Deutschen Reichstag einige Kompetenzen zu, einen Grundrechtekatalog suchte man dagegen vergeblich.

Es dauerte fast drei Generationen, bis Deutschland wieder eine Demokratie wagte. Dass der Weimarer Republik keine lange Existenz beschieden war, hängt einerseits mit ihren Feinden von rechts und links zusammen. Anderseits standen der Demokratie allzu viele Menschen gleichgültig gegenüber, zu wenige traten als ihre Fürsprecher auf. Einer, der sich leidenschaftlich einsetzte, war Thomas Mann. Mit seinen Reden „Von deutscher Republik" (1922) und der „Deutschen Ansprache" (1930) rief er zur Verteidigung der Weimarer Demokratie auf, wo andere bereits den Kopf in den Sand steckten. Auch der Literaturnobelpreisträger sprang damit durchaus über seinen Schatten, denn noch in seiner 1918 erschienenen Schrift „Betrachtungen eines Unpolitischen" – die alles andere als unpolitisch war – hatte er sich zum Kaiserreich und dessen Kriegspolitik bekannt.

Thomas Manns Sinneswandel vollzog sich unter dem Eindruck einer akuten Bedrohung. 1922 zeigte er sich schockiert von politischen Morden, allen voran am deutschen Außenminister Walther Rathenau. 1930 warnte er eindringlich vor der erstarkenden NSDAP, bereits unter den Buhrufen der extremen Rechten. Doch seine schlimmsten Befürchtungen wurden angesichts der Wirklichkeit noch übertroffen. In seinem amerikanischen Exil, von wo Thomas Mann Radioansprachen an die Deutschen sendete, sagte er 1941, dass jene Rede von 1930 einen größeren Dienst am „deutschen Volk" als seine Literatur darstellte: „Seine Natur überwindend" sei er „in die politische Arena gestiegen". Dies diene seinem „Gewissen zu tieferer Beruhigung als alles, was ich mit glücklicherem Gelingen als Künstler ausrichten konnte".

Die Tatsache, dass die Demokratie in Deutschland und Europa heute wieder bedroht ist, bestimmt die kritischen Gedanken unserer Zeit. Rechtsextreme und -populistische Parteien, die Verbreitung von Verschwörungsmythen und sogenannten Fake News, das Grassieren von antijüdischem und rassistischem Hass, die schließlich auch den Boden für den politisch motivierten Terrorismus bereiten, sind nur einige der antidemokratischen Bedrohungen. Omnipräsente, aber ritualisierte Bekenntnisse werden als Gegengift nicht ausreichen. Es braucht die beständige Praxis der Auseinandersetzung, die Teilnahme von allen an demokratischen Verfahren, und es braucht mehr engagierte öffentliche Fürsprecherinnen und Fürsprecher der Demokratie. Ihnen sollten wir eine Bühne bieten. Und wir sollten uns nicht Bange machen lassen.

Trotz des besorgniserregenden Erstarkens extremistischer Parteien sind die Feinde der Demokratie nicht in der Mehrheit. Vielleicht deswegen und weil die Lage unübersichtlich erscheint, wird die Bedrohung von vielen Menschen noch nicht als akut empfunden; Demokratie ist eine gewohnte und daher vermeintlich stabile Selbstverständlichkeit.

Für die Demokratie einzustehen bedeutet daher eine ganz praktische und auch eine intellektuelle Herausforderung. Viele Bedrohungen sind komplex und oft latent – die wenigsten Feinde der Demokratie geben sich offen als solche zu erkennen. Auch haben sich die weltpolitischen

Rahmenbedingungen grundsätzlich verändert. Standen sich in der westlichen Wahrnehmung während des Kalten Krieges ein demokratisch-marktwirtschaftliches und ein kommunistisch-totalitäres Lager gegenüber, scheint die Demokratie heute keine zwingende Voraussetzung mehr für ein marktorientiertes Wirtschaftssystem zu sein. Vielmehr haben sich autoritäre Staatsformen als durchaus kompatibel mit einem mehr oder weniger freien Markt erwiesen, was eine neuartige Systemkonkurrenz mit sich bringt, deren Besonderheiten sich gerade herausbilden.

Auch aus diesem Grund erfordert der vielgestaltige gesellschaftliche Wandel demokratische Reformen, von denen ich nur zwei zentrale nennen möchte: Demokratie braucht erstens freie Medien. Diese funktionieren heute unter Bedingungen einer digitalen Öffentlichkeit. Qualität und freier Zugang müssen auch künftig gesichert werden. Zweitens braucht Demokratie Durchlässigkeit, damit Menschen unabhängig von sozialer oder ethnischer Herkunft gleiche Chancen haben. Dies gilt umso mehr in einer Gesellschaft, die schon viel erreicht hat, aber die sich noch weiter über ihre Realität als Einwanderungsgesellschaft verständigen muss.

Und wir müssen aufpassen, dass Chancen nicht mehr und mehr vererbt werden, sondern die Türen allen, die wollen, offenstehen. Dazu gehört nicht nur die entschlossene Öffnung der Bildungs- und Kultureinrichtungen für Kinder und Jugendliche, sondern auch die Öffnung von Unternehmen, Verbänden, Parlamenten, Theatern und

Museen, wenn die repräsentative Demokratie ihr Versprechen der Teilhabe einlösen will.

Das Paulskirchenjubiläum war ein willkommener
Anlass, in Kenntnis der Geschichte den Blick auf unsere
politischen Realitäten – von den Dörfern, den Stadtteilen
und Städten, von den Regionen bis hin zu Europa und der
globalen Lage – zu schärfen. Wir brauchen mehr Menschen, die „ihre Natur überwinden", sich von falschen Ge-
wohnheiten befreien und für den überaus komplexen
Kampf um die Zukunft der Demokratie engagieren. Wenn
das Ergebnis dieses Kampfes eine Demokratie ist, die den
Herausforderungen des 21. Jahrhunderts gewachsen ist,
ist dieser Einsatz ebenso bedeutend wie die Ausrufung der
Weimarer Republik 1918 oder die Deutsche Revolution
1848.

Dr. Ina Hartwig, geb. 1963 in Hamburg, studierte Romanistik
und Germanistik in Avignon und Berlin. Nach vielen Jahren als
verantwortliche Literaturredakteurin der Frankfurter Rundschau und Herausgeberin des „Kursbuch" war
sie freischaffende Autorin, Kritikerin und Mo-
deratorin. Im akademischen Jahr 2015/16 war
sie Fellow am Wissenschaftskolleg zu Berlin.
Seit Juli 2016 ist sie Dezernentin für Kultur
und Wissenschaft der Stadt Frankfurt.

Gestalten wir, wie wir leben wollen

Matthias Wagner K

Zeitgleich mit dem Ende der DDR und der alten Bundesrepublik hatte in den Kulturwissenschaften der Begriff „Kulturelles Gedächtnis" Hochkonjunktur. Als Sammelbegriff steht er für den Bestand an Wiedergebrauchs-Texten, -Bildern und -Riten, durch deren Pflege jede Gesellschaft ihre Identität stabilisiert. Für ein Verstehen des Heute, nicht im Modus einer Abrechnung mit dem Gestern, sondern als ein verantwortungsvolles, historisch aufgeklärtes und proaktives Verstehen, braucht es auch immer wieder Texte und Bücher, geschrieben aus persönlichen Erfahrungen.

Umkämpfte Zone. Mein Bruder, der Osten und der Hass, ist ein solches Buch. In ihm analysiert die einstige Spitzenathletin im Leistungssport der DDR, die Schriftstellerin und Hochschullehrerin Ines Geipel, die politische Mythenbildungen der DDR mit kritischer Versprachlichung anhand ihrer eigenen Familiengeschichte. Es gelingt ihr dabei, die Verstrickungen in das totalitäre System des DDR-Sozialismus ohne Hass aufzuklären, ohne erneut Teile der Vergangenheit zuzudecken oder als verjährt zu betrachten.

Ines Geipel berührt dabei die seit etwa 2015 sich verändernden politischen Koordinaten unseres Landes, insbesondere im Osten Deutschlands, im Herantasten an Antworten für die breite Zustimmung zahlreicher Menschen zu Pegida, AfD und rechtsextremem Gedankengut.

Hass und Hetze gegen Jüdinnen und Juden, gegen Ausländerinnen und Ausländer, gegen den Feminismus oder gegen LGBTQ+ werden begleitet von Ideologien als Rechtfertigungen, die das nicht zu Rechtfertigende rechtfertigen; und das freilich in Gesamtdeutschland.

Der Jurist, Philosoph und Publizist Michel Friedman und der Soziologe und Publizist Harald Welzer sprechen in ihrem gleichnamigen Buch deshalb gar von einer Zeitenwende, einem (Der) Angriff auf Demokratie und Menschenwürde. Auch sie blicken anhand ihrer eigenen Biografien auf die unter Druck geratenen demokratischen Gesellschaften, auf das Erstarken autokratischer Staatsführung in Ost und West, auf soziale Ungleichheit und nicht zuletzt auf einen globalen Wandel des Klimas mit all seinen ökonomischen, ökologischen und sozialen Folgen.

Ableiten lässt sich aus beiden Büchern, und das gilt für unsere gesamtdeutsche Gesellschaft, dass wer die Gesellschaft freier und offener und damit friedlicher und lebenswerter machen will, Erfahrungen und Traditionen offen benennen muss – auch und vor allem den Aspekt der Selbstverantwortung gegenüber sich, der Gesellschaft und der Geschichte. Und ja, man sollte es persönlich nehmen, wenn die freiheitliche Demokratie angegriffen wird (Welzer), man sollte beunruhigt sein (Friedman) und man sollte Fantasie entwickeln. Denn es brauchte auch vor dem Ende der SED-Diktatur sehr viel Fantasie, um sich eine Wiedervereinigung überhaupt vorzustellen, so wie ein Weg Russlands zum Frieden und also einem friedlichen und gedeihlichen Auskommen mit seinen Nachbarn heute sehr viel Fantasie bedarf.

Ganz grundsätzlich sollten wir erkennen, dass es jetzt ein anderes Handeln braucht, weil uns schlichtweg die Zeit davonläuft. Womit wir beim Gestalten sind. Ein Gestalten, das sich bekanntlich als kreativer Schaffensprozess zu erkennen gibt, der als die ästhetische Gestaltung von unmittelbar Wahrnehmbarem als auch von mittelbar Spürbarem wie etwa Lebens- und Persönlichkeitsgestaltung sowie Politik als Gestaltung gesellschaftlicher Strukturen und Prozesse zu verstehen ist. Ein Gestalten, welches davon geprägt ist, Zustände, Strukturen, Dinge zu hinterfragen, das nach Fehlern und Irrtümern sucht, um sie korrigieren zu können und das in die Zukunft gerichtet ist.

Daher bewarb sich die Stadt Frankfurt am Main im Verbund mit zahlreichen Städten und Gemeinden der RheinMain-Region mit dem Slogan Design for Democracy. Atmospheres for a better life um den Titel „World Design Capital 2026". Eine Unternehmung, die auf das Potenzial von guter Gestaltung setzt, und also auf eine potenzielle Gestaltbarkeit einer lebenswerten Zukunft. Eine neue Bewegung, getragen von Akteurinnen und Akteuren, die bereit sind, glaubhaft neue Möglichkeiten für Prozesse, Strukturen und Atmosphären zu entwickeln, die ein Aufeinander-Zugehen, ein streitbares Miteinander im Hier und Jetzt ermöglichen. Ein Gestalten zum Erlangen von Mündigkeit sowie der Erleichterung, Erweiterung, Erhaltung und Intensivierung des Lebens und also einer freiheitlichen Demokratie. Und vielleicht hilft es dabei, diese unsere freiheitliche Demokratie wie eine Bühne zu verstehen, als einen Ort, den eine Akteurin oder ein Akteur nicht ernsthaft verlassen kann, weil sie oder er dann nicht mehr mitspielt. Mitspielen heißt teilzuhaben und eben mitzugestalten an guten Lösungen für die zahlreichen Probleme. Das wiederum verlangt von uns allen, (wieder) zu beginnen, Visionen, Utopien und entsprechende Narrative als Treiber und Kompass zu entwickeln, die es dann gilt, im kleinen Maßstab zu testen, ihre Umsetzung zu begleiten und Rahmenbedingungen für ihre Verbreitung zu schaffen. Und zwar in allen wichtigen Bereichen des Zusammenlebens wie etwa Arbeiten, Bauen und Wohnen, Bildung, Gesundheit, Industrie, Konsum, Kultur und Medien, Mobilität, Sport und öffentlicher Raum.

Design for Democracy. Atmospheres for a better life stellt ein Versprechen in den Raum, das besagt, dass wir ein besseres Leben noch gar nicht erreicht haben. Ein Versprechen, dass sich eindeutig an die Demokratie knüpft, die als Regierungsform die eigene Verbesserungswürdigkeit in ihre Grundlage aufgenommen hat. Das besagte bessere Leben kann dabei nur eines sein, was auch nachfolgenden Generationen ein solches ermöglicht. Die damit einhergehende Verantwortung ist eine, deren Basis

auf einem Eigen-Willen beruht, weil am eigenen Sein –
anhand der eigenen Biografie – die Probleme erspürt werden können, und weil es bekanntlich glücklicher macht,
schöne, gute Dinge zu tun. Es ist eine Verantwortung im
erweiterten Sinne und also in Bezug auf eine andere Per-
son, eine Gruppe oder diese unsere Gesellschaft mit dem
Willen, ein Gestalten zu unterlassen, das eine existenzielle
Gefährdung der Umwelt und unserer freiheitlich demokratischen Gesellschaft nach sich ziehen könnte.

Design for Democracy ist eine Einladung zur aktiven
Beteiligung an der Gestaltung unserer freiheitlichen Demokratie, auch als Hoffnung für all jene Menschen, denen
diese genommen wurde, gerade genommen wird oder die
nach ihr streben.

Prof. Matthias Wagner K (* 1961 in Jena) ist
Direktor des Museums Angewandte Kunst
und seit 2018 zudem Honorarprofessor für
„Design kuratieren und Kritik" an der Hoch-
schule für Gestaltung Offenbach am Main. Im
November 2020 wurde Wagner K von der
Stadt Frankfurt und dem Kulturfonds Frank-
furt RheinMain mit der Leitung der Bewerbung um den Titel
World Design Capital 2026 betraut. Dafür entwickelte er das
Thema Design for Democracy. Atmospheres for a better life. Im
September 2023 gab die World Design Organization (WDO) be-
kannt, dass Frankfurt RheinMain der Titel World Design Capi-
tal 2026 verliehen wird.

Niemand sonst macht das, was die Kunst macht

Susanne Pfeffer

Eine der Aufgaben des MMK besteht darin, jeder Beobachterin und jedem Beobachter die Erfahrung der Auseinandersetzung mit moderner und Gegenwartskunst zu ermöglichen. Das ist insofern voraussetzungsreich geworden, als sich die Kunst oder das Kunstsystem auf eine ähnliche Weise ausdifferenziert und verästelt hat, wie es die Wissenschaften oder das Recht auch getan haben.

Ein Museum der Gegenwart kann deshalb nicht mehr nur ein Museum für Malerei und Skulptur sein. Es muss, wenn es den Praktiken seiner Zeit folgen will, auch andere Sparten oder Methoden wie Fotografie, Film, Installation, Performance und Digitales in den Blick nehmen. Am besten – und auch für das Publikum am einfachsten nachvollziehbar – kann das gelingen, wenn das Museum sich als Partner in der Produktion und Präsentation von Gegenwartskünstlerinnen begreift.

Das MMK hat das in einer Reihe von Ausstellungen im MUSEUM, im TOWER und auch im ZOLLAMT mit Künstlerinnen wie Julien Creuzet, Jana Euler, Lungiswa Gqunta, Anne Imhof, Kapwani Kiwanga, Mire Lee, Henrike Naumann, Emeka Ogboh, Precious Okomoyon, und aktuell The Critic Company versucht. Sie haben jeweils Neuproduktionen, die auf den Ausstellungsort hin erarbeitet worden sind, erdacht und ausgeführt. Das bedeutet, für jetzt, den Raum, die Besucherinnen und Frankfurt. Dabei war die physische Anwesenheit der Künstlerinnen nicht nur für die Ausführung und den Aufbau von Bedeutung. In Zusammenarbeit mit dem Vermittlungsteam des Museums werden seit 2020 die Ausstellungen mit einem Heft, in leichter Sprache verfasst, begleitet. Dazu gibt es für Menschen mit Seh- und Hörbeeinträchtigungen begleitende Bildbeschreibungen und Übersetzungen in Gebärdensprache.

Wenn man unter Demokratie die stetige Ausweitung der Personenkreise versteht, die an den gesellschaftlichen Handlungs- und Kommunikationsprozessen teilhaben können, sind das Versuche, die Ausstellungen in diese Richtung zugänglicher zu machen. Ein Museum für moderne Kunst, die allgemein als erklärungs- und „kommentarbedürftig" verstanden wird, steht dann aber immer noch vor dem Problem, die der Kunst eigenen Formen und Formsprachen dem Publikum zu erklären zu versuchen.

Denn wenn die Kunst ihre Eigenständigkeit gegenüber anderen Formen des Weltzugangs wie den Wissenschaften oder der Philosophie gewinnt oder behauptet, tut sie es durch ihre je eigenen Formen. Formelhaft könnte man sagen: Niemand sonst macht das, was die Kunst macht. Dabei hat die Kunst mit dem Beginn der Moderne im 19. Jahrhundert ihre Gegenstands- und Themenbereiche stetig ausgeweitet, sodass man heute Joseph Beuys Forderung, nach der jeder Aspekt des Lebens auch in die Kunst Einlass erhalten sollte, als fast schon erfüllt betrachten kann.

Was aber auch durch die erfolgreiche Arbeit von Kunsthochschulen und -akademien zu einer hochspezialisierten und hochdifferenzierten Produktion von Kunst führt, macht es für Museen nicht unbedingt einfacher den Überblick über das Gesamtsystem zu behalten, um von der Repräsentation hier zu schweigen. Ein Museum muss deshalb zwangsläufig eine Auswahl treffen, eigene Schwerpunkte setzen und auf den Anspruch verzichten, die gesamte Entwicklung und Produktion repräsentieren zu können. Was ein Museum aber machen kann, ist, Tendenzen und entscheidende Entwicklungsschritte in der modernen Kunst immer wieder einer Überprüfung und Neuinterpretation zu unterziehen. Am Beispiel einer möglichst umfassenden Ausstellung der Werke und des Denkens Marcel Duchamps kann man versuchen zu zeigen, wie das gehen könnte.

Marcel Duchamp ist dafür bekannt, als derjenige zu gelten, der die Überführung von Alltagsgegenständen in den Raum der Kunst eingeführt hat. Die sogenannten Ready-Mades, von denen das Urinal und der Flaschentrockner wohl die bekanntesten sind, sind zu Duchamps Markenzeichen geworden. Was heute unter anderem durch Andy Warhols Übernahme der Praktik, indem er z. B. Campbells Suppendose zum Kunstobjekt machte, eine gängige und akzeptierte Methode der Kunst ist, ist in Duchamps Werk weder in seiner Auswahl beliebig, noch vom Himmel gefallen.

Duchamps Überlegung, ein Werk zu schaffen, das ein Werk der Kunst ist, ohne ein Kunstwerk in dem Sinn zu sein, dass er es mit seinen eigenen Händen geschaffen hatte, war eine Folge seiner ständigen Auseinandersetzungen mit der Kunst und den Künstlerinnen seiner Zeit. Um aber nachvollziehbar zu zeigen, wie die Ready-Mades sich in Duchamps individuelle wie die Entwicklung der Kunst in seiner Zeit sich fügen, bot es sich an, die Objekte im MMK zu zeigen. Von da aus in die Entwicklung der künstlerischen Aktivitäten Duchamps einzusteigen, war so etwas wie ein Wegweiser auch in die künstlerischen wie politischen Debatten seiner Zeit. Dass Duchamp als junger Mensch als Maler von Landschaftsszenen und Porträts begonnen hatte, der sich über eine kurze Zeit als Karikaturist zu einem exzeptionellen Vertreter des Kubismus entwickelte, ließ sich dann anhand der Arbeiten aus diesen Zeiten wie ein Bild-Entwicklungsroman erzählen, ohne die Geschichte als zwangsläufig erscheinen zu lassen.

Es war immer eine Mischung aus von der Zeit erzwungenen und individuell freien Entscheidungen, die Duchamps Wegmarken bestimmten. So war die erste

Flucht nach New York der tödlichen Bedrohung durch den Ersten Weltkrieg geschuldet, während die Übersiedlung aus dem Zentrum von Paris an den Stadtrand aus dem Entschluss folgte, nach seinen Pariser Bohèmejahren auf dem Land wieder zur Ruhe zu kommen.

In beiden Fällen führten die Ortswechsel zu einem Umbruch in seinen ästhetischen Entscheidungen. Das New York in der Zeit des Ersten Weltkriegs wurde zu dem Ort, an dem die Idee für die Ready-Mades zur Ausführung reifte. Duchamp hat mit ihnen auch auf ein Wahrnehmungsprinzip vertraut, dass so etwas wie die Grundbewegung der Moderne nach ihm wurde: nämlich das Changieren zwischen Wiedererkennung und Überraschung. Jede und jeder kennt ein Fahrrad oder Urinal, die Überraschung folgt aus der Tatsache, die Gegenstände als Kunst, und dann noch signiert, präsentiert zu bekommen. Für den Wahrnehmungsprozess bedeutet diese Infragestellung der Kunstpraxis durch die Ready-Mades, dass er die zögernden Beobachterinnen dazu anregen kann, sich andere Möglichkeiten der Darstellung zu überlegen. Was nach der Handlungstheorie Hannah Arendts ein genuin demokratischer Akt ist: über die Wahrnehmung bestimmter Phänomene zur versuchsweisen Ausbildung variierender Optionen zu gelangen.

Prof. Susanne Pfeffer, geboren 1973, ist Kunsthistorikerin und Kuratorin. Seit Januar 2018 ist sie Direktorin des Museums für Moderne Kunst (MMK) Frankfurt. Zum 1. Janu-  ar 2019 wurde sie außerdem zur Honorar- professorin im Fachbereich Kunst an der HfG Offenbach ernannt. Dort lehrt sie im Bereich Ausstellung und Vermittlung von Ge- genwartskunst.

Gegen Gewalt und Geschichtsvergessenheit

Mirjam Wenzel

Das Jüdische Museum Frankfurt wurde am 9. November 1988 als erste kommunale Gedächtniseinrichtung für deutsch-jüdische Geschichte und Kultur der Bundesrepublik Deutschland eröffnet. Drei Jahre nach der Wiedereröffnung des neuen Museumskomplexes am Bertha-Pappenheim-Platz begeht es nun seinen 35. Geburtstag. Jubiläen sind Anlässe, um zurückzuschauen und Entwicklungen zu reflektieren. Was motivierte die Stadtverordneten im Jahr 1980 dazu, die Gründung eines Jüdischen Museums in Frankfurt zu beschließen? Unter welchen Vorzeichen stand seine Eröffnung? Und vor welchen Herausforderungen steht das Museum heute?

Bereits gegen Ende der 1960er-Jahre dachten Mitglieder der Kommission zur Erforschung der jüdischen Geschichte Frankfurts über die Gründung eines Jüdischen Museums in Frankfurt nach. Nach Ausstrahlung der Fernsehserie „Holocaust. Die Geschichte der Familie Weiss" im Jahr 1979 war es dann soweit: Die Stadtverordneten entschieden, im Rothschild-Palais ein Jüdisches Museum aufzubauen – mit Hinweis darauf, dass sich in Frankfurt einst eines der ersten Jüdischen Museen Europas, das Museum jüdischer Altertümer, befunden hatte, das im Novemberpogrom 1938 geplündert und zerstört worden war.

Eine Kiste aus dem Depot des Historischen Museums mit zeremoniellen Gegenständen aus dieser zerstörten Einrichtung wurde zum Grundstock der Sammlung des neuen Jüdischen Museums. Dessen Sammlungs- und Vermittlungstätigkeit nach der gewaltsamen Zerstörung machte sich zum Ziel, den „geretteten Rest" deutsch-jüdischer Kultur zu bewahren. Sowohl der Gründungsdirektor Georg Heuberger wie auch die Kuratorin Cilly Kugelmann waren Kinder von Überlebenden, die sich in der unmittelbaren Nachkriegszeit selbst als „geretteter Rest" verstanden. Die Verbindung zwischen den Geschichten der Dinge und den Biografien von Menschen prägt die Arbeit des Museums seit Anbeginn – ebenso wie die Spannungen im deutschjüdischen Beziehungsverhältnis nach der Schoa.

Zwischen dem Beschluss zur Gründung des Museums und der Eröffnung 1988 wurden in Frankfurt zwei Konflikte ausgetragen, die die jüdische Gegenwart und die deutsche Erinnerungskultur geprägt haben: die Besetzung der Bühne in den Kammerspielen von Mitgliedern der Jüdischen Gemeinde Frankfurt anlässlich der Uraufführung von Rainer Werner Fassbinders Stück „Die Stadt, der Müll und der Tod" 1985. Und 1987 die Besetzung von 19 Häuser-Ruinen der Judengasse, die abgeräumt werden sollten, um ein Gebäude für die Stadtwerke zu bauen. Ersteres gilt als eine Form zivilen Ungehorsams, der sich erfolgreich gegen Antisemitismus zur Wehr setzte, letztere als ein Meilenstein in den Auseinandersetzungen um die Verantwortung Deutschlands im Umgang mit der jüdischen Geschichte vor der Schoa. Als Kompromiss aus dem Konflikt um die Ruinen wurde 1992 das Museum Judengasse als eine Dependance des Jüdischen Museums eröffnet.

2023 hat das Jüdische Museum in Kooperation mit dem Archäologischen Museum und dem Künstlerhaus Mousonturm mit dem Festival „Mapping Memories: Judengasse Extended" auf die anhaltende Ausblendung der Judengasse aus dem Stadtraum, insbesondere auf die Vernachlässigung des Ortes rund um die ehemalige Hauptsynagoge, aufmerksam gemacht. Gemeinsam mit unseren Kooperationspartnern setzen wir uns nun dafür ein, dass ein Gewölbekeller aus dem Jahr 1809 künftig kulturell genutzt werden kann.

Das Jüdische Museum Frankfurt tritt seit seiner Gründung auch der Geschichtsvergessenheit in der Bundesrepublik Deutschland entgegen. Heute verantwortet es neben der Ausstellungs- und Bildungsarbeit in seinen beiden Museen auch die Vermittlungsangebote zur Gedenkstätte Börneplatz, die an die mehr als 12.000 deportierten und ermordeten jüdischen Menschen aus Frankfurt erinnert (shoah-memorial-frankfurt.de). Seit 2015 gibt das Museum zudem Führungen und Workshops zur Erinnerungsstätte an der Großmarkthalle, dem Ort der Massendeportationen in den Jahren 1941–45.

Die Erinnerungsarbeit umfasst nicht nur das Entfernen mutwilliger Beschädigungen und Verunglimpfungen, sondern tritt auch der gesellschaftlichen Entwicklungen entgegen, dass das Faktenwissen um die Schoa abnimmt und Groß- wie Urgroßeltern selten als (Mit-)Täterinnen und Täter oder Profiteure, sondern eher als Opfer oder Helferinnen und Helfer gesehen werden. Diese Entwicklung geht mit einer Zunahme von antisemitischen Vorstellungen, ja Gewalt einher. Diese Entwicklungen stellen die Bildungs- und Vermittlungsarbeit des Jüdischen Museums vor erhebliche Herausforderungen. Es ist auch eine gesamtgesellschaftliche Aufgabe, ihnen entgegenzutreten.

Als das Jüdische Museum vor 35 Jahren als Kultureinrichtung des Frankfurter Museumsufers eröffnete, gab es keine besonderen Sicherheitsmaßnahmen. Nach dem Anschlag auf das Jüdische Museum in Brüssel 2014 wurde der Eingang um eine Kontrolle mit Metalldetektoren ergänzt, nach dem Anschlag auf die Synagoge in Halle 2019 Polizeischutz für beide Museen eingeführt. Seit dem 7. Oktober 2023 bewachen nun Polizisten mit Maschinengewehren die Eingänge zu beiden Häusern.

Wohin wird diese Entwicklung führen? Wie können wir ein offenes Haus bleiben? Wie bewältigen unsere Kolleginnen und Kollegen die fortwährende Auseinandersetzung mit Hass und der Kontinuität antisemitischer Gewalt? Es sind diese und weitere Fragen, die mir als Direktorin des ältesten Jüdischen Museums in Deutschland zurzeit den Schlaf rauben.

Die Terrororganisation Hamas hat ihre Gewaltverbrechen am 7. Oktober gefilmt und die Bilder in den Sozialen Medien verbreitet, um Jüdinnen und Juden weltweit in Angst und Schrecken zu versetzen. Wenig später wurden deutschlandweit Häuser von Jüdinnen und Juden mit einem Davidstern oder einem Hakenkreuz markiert – so auch das Haus einer Kollegin in Frankfurt. Wir haben viel Zeit darauf verwendet, uns innerhalb des Museumsteams wechselseitig zuzuhören, zu stärken und handlungsfähig zu werden. So haben wir unter anderem unsere Bildungsoffensive zum Thema Antisemitismus deutlich ausgebaut.

Ein Museum ohne Mauern zu sein, bedeutet für unser Kollegium dieser Tage vor allem eines: weiterhin eine differenzierte Auseinandersetzung mit unserer Gegenwart und deren Geschichte zu führen. Um dies zu tun, sind wir heute – 35 Jahre nach unserer Eröffnung – mehr denn je auf Sie, liebe Leserinnen und Leser, angewiesen: Bitte treten Sie dafür ein, dass sich die deutsche Geschichte nicht wiederholt – weder in Form von Gewalt gegen Jüdinnen und Juden, noch in Form von Gleichgültigkeit.

Prof. Dr. Mirjam Wenzel ist seit 2016 Direktorin des Jüdischen Museums Frankfurt. Sie hat Allgemeine und Vergleichende Literaturwissenschaft, Theater-, Film- und Fernsehwissenschaft sowie Politikwissenschaft an der Freien Universität Berlin studiert. Seit 2019 ist sie Honorarprofessorin an der Goethe-Universität Frankfurt.

Wir müssen streiten!

Helmut Ortner

In Frankfurt wurde immer gestritten. Engagiert und leidenschaftlich. Laut und zornig. Intensiv und kreativ. Rauh und militant. An Anlässen herrschte kein Mangel: gegen Notstandsgesetze und Startbahn West, für bezahlbaren Wohnraum und mehr Kita-Plätze, gegen die neue Altstadt, für eine andere Verkehrspolitik, gegen einen überforderten Oberbürgermeister. Streit gehört zum Sound der Stadt. Und das ist gut so.

Streit ist der Sauerstoff für eine offene, liberale Stadtgesellschaft. Streit ist gewissermaßen „systemrelevant". Dissens, Aufbegehren, Widerstand sind keine Untugenden in einer freien Gesellschaft, sondern deren Grundlage. Streit ist konstitutiv für die Demokratie – auf allen Ebenen: privat, kollektiv, institutionell. Unsere Demokratie lebt von der Kontroverse. Nur durch ständige öffentliche Debatte können wir erfolgreich die unterschiedlichen Interessen koordinieren. „Nur im Streit klären wir, was uns als Gesellschaft wichtig ist, welche Werte wir grundsätzlich vertreten wollen und welche politischen Entscheidungen wir als Gesellschaft zu tragen bereit sind", sagt Michel Friedman. Der Frankfurter Jurist, Publizist und Philosoph hat ein kompaktes, kluges Buch über das Streiten veröffentlicht (Streiten? Unbedingt!, Duden-verlag) – das auch als Plädoyer für das Bemühen um gesellschaftlichen Konsens gelesen werden soll, denn: „Am Ende steht der Kompromiss. Er darf nicht der Anfangspunkt einer streitbaren Diskussion sein, sondern deren Endpunkt".

Freilich, nicht jeder Streit ist anregend, erhellend und klug. Oft geht es gemein, dumm und vulgär zu. Es wird gebrüllt, niedergebrüllt und beleidigt. Kultiviertes Streiten, das zeigt uns die Wirklichkeit, will gelernt, geübt und gepflegt werden.

Wann aber kann ein produktiver, ein erkenntnisreicher, guter Streit entstehen? „Das Formulieren der eigenen Position, der Haltung, der These, des Gedankens, das Deutlichmachen, wofür man steht, ist der erste Schritt eines produktiven Streits. Wenn alle Beteiligten den gleichen Raum und die gleiche Aufmerksamkeit bekommen, kann ein guter Streit beginnen...", meint Michel Friedman. Und er verweist darauf, dass in den letzten Jahrzehnten unsere Konsens-Demokratie davon geprägt war, kontroverse Debatten zu vermeiden – und dort, wo sie auftraten, eher zu nivellieren und zu befrieden. Zuviel – vor allem zu leicht und schnell erreichter – Konsens begünstigt schalen Opportunismus, er belohnt Kritiklosigkeit, er bedroht die Individualisierung des Denkens. Konformismus statt Pluralismus.

Hierzulande gilt der gerne und oft beschworene „Grundkonsens der Demokraten" als das stabilisierende

Fundament der Nachkriegsrepublik. Gestritten werden soll im Parlament, nicht auf Straßen und Plätzen. Öffentliche Orte gelten als notfalls auch mit (Gesetzes-)Gewalt zu verteidigende „Ruhezonen". Lauter und widerspenstiger Streit wird von selbsternannten Musterdemokraten als Anomalie des politischen Regelbetriebs gebrandmarkt. Statt Streit und Debatte wünscht man sich Kompromiss und Konsens.

Für Nicole Deitelhoff, Professorin für Internationale Beziehungen und Theorien globaler Ordnungspolitik an der Goethe-Universität und eine der Sprecherinnen des „Forschungsinstituts Gesellschaftlicher Zusammenhalt (FGZ)", höchste Zeit, sich einzumischen. Nicht im Konsens, sondern in der Freiheit, diesen Konsens immer wieder infrage zu stellen, liege der normative Kern einer Demokratie. Sie ist Mit-Initiatorin des Projekts „Frankfurt streitet!", das sich vorgenommen hat, die Streitkultur zu fördern und die Lust am Streiten zu wecken. In einem „StreitBus", einem umgebauten Linienbus, macht sie Halt vor Gemeindehäusern, Cafés und Clubs, in Parks und bei Einkaufszentren und diskutiert mit spannenden Gästen und streitlustigen Einheimischen kontroverse Themen der Stadt – offen und pointiert. Produktives Streiten, so Nicole Deitelhoff, brauche Augenhöhe und Anerkennung und erfordert den Mut, sich Konflikten zu stellen und diese auszuhalten.

Fest steht: „Demokratie leben" stellt immer auch ein Wagnis dar. Demokratie ist nicht unbedingt Gemeinschaft. Demokratie ist vor allem Gesellschaft, also das Aufeinandertreffen unterschiedlicher Interessen, Sichtweisen und Meinungen. Vielfalt statt Einfalt. Man möchte gerne, aber man kann (... und muss!) nicht mit jedem streiten. Fanatiker, Extremisten und Populisten hören ohnehin nicht gern zu. Sie interessieren sich nicht für andere Meinungen. Sie bewegen sich lieber in ihren abgeschotteten Echoräumen.

In den sozialen Medien, die einmal für die Verwirklichung des demokratischen Traums standen, jeder und jede könne überall über alles reden, werden komplexe Themen gerne auf 280 Zeichen heruntergekürzt, was jede Differenzierung verhindert, dafür aber Polarisierung maximal beschleunigt. Da bleibt wenig Raum für Kompliziertes, Uneindeutiges, Widersprüchliches. Statt Empathie erleben wir Empörung, statt Fakten dominiert Bauchgefühl, Geschrei statt Gespräch. Demokratie gerät da in eine prekäre Schieflage.

Die österreichische Autorin und Psychiaterin Heidi Kastner ist der Ansicht, man müsse nicht unbedingt die Mühsal des Streitens auf sich nehmen, vor allem dann nicht, wenn keinerlei Dialog- und Kompromissbereitschaft bei den Beteiligten vorhanden ist. Dann, so Kästner in einem Interview mit der Süddeutschen Zeitung, verzichte man besser darauf und benennt es als das, was es ist: „nämlich eine zweckbefreite und absehbar ergebnislose Kombination zweier Monologe, und spart sich Mühe,

Ärger und Zeit, mit Menschen zu diskutieren, die das Recht auf eine eigene Meinung mit dem Recht auf eigene Fakten verwechseln".

Helmut Ortner war Chefredakteur des Journal Frankfurt. Er hat mehr als zwanzig Bücher – überwiegend politische Sachbücher – geschrieben. Zuletzt erschienen: Ohne Gnade – Eine Geschichte der Todesstrafe (2019), Widerstreit – Über Macht und Widerstand (2021) sowie Volk im Wahn – Von der Gegenwart der Vergangenheit (2022). Seine Bücher sind bislang in 14 Sprachen übersetzt.

Wir brauchen eine starke Bürgergesellschaft mit Zivilcourage!

Clemens Greve

Im Französischen gibt es den Begriff „courage civil", den Mut des Einzelnen zum eigenen Urteil, und „courage civique", den des Bürgers, des Staatsbürgers. Diese beiden Arten Mut sind in dem Wort Zivilcourage zusammengeflossen. Der erste Deutsche, der nachweislich das Wort Zivilcourage gebraucht hat, war der junge Bismarck. Nachdem er bei einer Landtagsdebatte ausgepfiffen und ausgebuht worden war, und ihm nachher beim Mittagessen ein Verwandter sagte: „Eigentlich hattest du ja ganz recht. Nur sagt man so etwas nicht", da antwortete Bismarck: „Wenn du meiner Meinung warst, hättest du mir beistehen sollen. (...) Sie werden es nicht selten finden, daß es ganz achtbaren Leuten an Zivilcourage fehlt." Nicht „in" sein müssen: Das ist Zivilcourage, sagte Hilde Domin. Die Schriftstellerin und ich gaben 1995 zusammen ein Buch unter dem Titel „Nachkrieg und Unfrieden" heraus und im Nachwort steht: „In" sein müssen, das ist Konformismus. Sich so verhalten, dass man möglichst morgen schon „in" ist, das ist „Vorauskonformismus". Und so können wir auch heute wieder bei allem gelebten Konformismus und „Vorauskonformismus" sehen, dass es den meisten Menschen an Zivilcourage fehlt.

Demokratie leben und lernen: Für Frankfurter Schulen hat die Frankfurter Bürgerstiftung ein Informationsbuch zum Verstehen des Demokratieorts Paulskirche herausgegeben. Zahlreiche Schülerinnen und Schüler haben das Buch bereits im Geschichtsunterricht durchgenommen und anschließend die Ausstellung in der Paulskirche besucht. Das Programm hat zum Ziel, durch die Demokratisierung von Unterricht und Schulleben die Bereitschaft junger Menschen zur aktiven Mitwirkung an der Zivilgesellschaft zu fördern. Es versteht sich auch als eine Antwort auf Gewalt, Rechtsextremismus, Rassismus und Antisemitismus unter Jugendlichen und jungen Erwachsenen und auf die seit Jahren zunehmende Politikverdrossenheit und Politikdistanz.

Wenn sich Politiker um die richtige Zusammensetzung einer Jury für einen „Paulskirchenpreis" streiten, so sollten sie vielleicht einen Vertreter der jüngeren Generation, einen ganz jungen „Demokratie-Botschafter" aller Frankfurter Schulen (oder aller deutschen Schulen?) in die Jury aufnehmen. Allerdings gibt es ja schon so etwas wie einen „Paulskirchenpreis", den viele bedeutende Persönlichkeiten unter dem Dach der Paulskirche für ihren Einsatz für Frieden und Demokratie erhalten haben – denken wir nur an alle Preisträgerinnen und Preisträger, die seit vielen Jahren in der Paulskirche den Friedenspreis des

Deutschen Buchhandels erhalten haben. Sollte man die Preissumme dieses etablierten Preises vielleicht aufstocken und den Preis um den Namenszug „Paulskirchenpreis" ergänzen?

Einer der „Friedenpreisträger", Karl Jaspers, sagte einmal: „Auch die Demokratie als Verfassungsform ist noch keineswegs Freiheit. Sie kann der Willkür, der Zügellosigkeit Raum geben. (...) Leicht wird die nur formale Freiheit verspielt. Wenn die Kämpfe der Parteien aus solidarischer Verbundenheit in den selbstzerstörerischen Prozeß treiben, dann wird der freie Staat zur Kulisse, die morgen mitsamt allen seinen Politikern und Parteien umgeworfen werden mag. (...) Kein Friede ohne Freiheit, aber keine Freiheit ohne Wahrheit. (...) Freiheit ist leer, wenn nicht die Wahrheit gemeint ist, der sie entspringt und der sie dient."

Natürlich gibt es neben der Verleihung des Friedenspreises des Deutschen Buchhandels auch noch andere wertvolle Demokratieorte, Freiheitsorte in unserer Stadt. Zum Beispiel die Römerberggespräche, die in diesem Jahr ihr 50-jähriges Jubiläum feiern. Sie sind zum Glück eine feste Institution der Debattenkultur in Deutschland und ein wertvoller Beitrag, Demokratie zu gestalten. Bei den letzten Römerberggesprächen wurden auf dem Podium und aus dem Auditorium zahlreiche kritische Fragen gestellt: Was sollen uns Völkerrecht und transnationale Gerechtigkeit wert sein? Welche Opfer wollen wir für den

Schutz von geflüchteten und vertriebenen Menschen bringen? Welchen Preis müssen wir für die Verteidigung von Demokratie und Freiheit bezahlen? Und wie rechtfertigen wir diese Kosten denen gegenüber, die ihre Existenzgrundlage gefährdet sehen? Fragen, die uns alle im Alltag beschäftigen. Fragen, die gestellt werden müssen! Auch hier denke ich an die Möglichkeit, ganz junge Menschen zu beteiligen: Schülerinnen, Schüler, Studentinnen und Studenten aus ganz Deutschland sollten diese Gespräche mitgestalten und ihre Fragen stellen.

Ob wir etwas ändern oder nicht, es geht um die mögliche Verantwortung eines jeden. Gerade in einer Zeit, deren wesentliches Erlebnis immer wieder die Ohnmacht des einzelnen ist, müssen wir gegen Verfügbarkeit, gegen Mitfunktionieren (und sei es z. B. „nur" gegen unleserliches Gendern) aufrufen. Jede, jeder einzelne von uns ist gefordert, zu reagieren und den Mund aufzumachen, und sich nicht von den lautesten Stimmen kleiner Gruppen einschüchtern zu lassen. Wir, die wir für Freiheit und Demokratie in unserem Land sind, bilden die Mehrheit und sind miteinander stärker als brüllende Demokratiegegner.

Als Thomas Mann im Oktober 1940 seine erste BBC-Rede an die Deutschen gehalten hatte, nutzte er ein Massenmedium, um seine Adressaten zu erreichen. Gegen die Pervertierung der Sprache, gegen eine Propaganda, wie sie die Nationalsozialisten über ihre medialen Kanäle verbreiteten, setzte Mann seine Aufrufe zum Widerstand, zum

Festhalten an Humanität und zur Selbstbefreiung der Deutschen vom NS-Regime. Überzeugt von dem Grundsatz, dass die Demokratie, würde sie verteidigt, würde für sie gekämpft, gewinnen werde. Überzeugt auch von der Kraft der Sprache und der Wirkung von Medien, die diesen Kampf für die Demokratie stützen können. Es geht nicht nur darum, richtig zu fragen, zu hinterfragen, es geht auch darum, wie wir sprechen, wie Medien Wirklichkeit prägen, wie Begriffe – und die mit ihnen implizierten Ideale – zur Realität im Verhältnis stehen. Worauf reagieren wir, wenn wir immer wieder auf einzelne Personen reagieren und den Prozess aus den Augen verlieren, der uns über Ideologien und Programme informieren könnte. WhatsApp-Gruppen kann man verlassen, ein Smartphone kann man ausstellen und das Spektakel des Moments verlassen und eine „Unabhängigkeitserklärung" abgeben, um sich durch die Freiheit des Rückzugs der Frage zuzuwenden: Was ist wirklich wichtig? Was kann ich als einzelner Bürger für unsere Freiheit tun?

Es ist schwer zu entscheiden, so formuliert es Hannah Arendt in ihrem im Nachlass gefundenen Essay „Die Freiheit, frei zu sein", „wo der Wunsch nach Befreiung, also frei zu sein von Unterdrückung, endet und der Wunsch nach Freiheit, also ein politisches Leben zu führen, beginnt".

Unsere Zeit wird keine heroische Epoche sein, sondern eine Periode mühsamer Kleinarbeit – aber es lohnt sich, dabei als starke und sich gegenseitig stärkende demokratische Bürgergesellschaft mit unserer Frankfurter Bürgerstiftung in unserer Stadt verantwortungsvoll und mutig mitzuwirken.

Clemens Greve, geboren 1966 in Wittlich, hat Literatur-, Musik- und Geschichtswissenschaften in Heidelberg studiert. Er ist seit 1997 Geschäftsführer der Frankfurter Bürgerstiftung im Holzhausen- schlösschen und lebt mit seiner Familie in Frankfurt. Die Bürgerstiftung veranstaltet das „Forum Demokratie".

„Es kann nur über die Demokratie eine Gewährleistung der Menschenrechte geben" – ein Interview mit Michel Friedman

Interview: Jasmin Schülke und Paula Macedo Weiß

Jasmin Schülke (J. S.): Wir leben heute in Zeiten der großen Krisen, auch ausgelöst durch nationalistische, illiberale Tendenzen. Was bedeutet das für die Zukunft der Demokratie?

Michel Friedman (M. F.): Rassismus und Judenhass sind Menschenhass und damit ein Verstoß gegen das Grundgesetz. In Artikel 1 ist das Fundament, auf das sich alle Grundrechte beziehen, eindeutig formuliert: Die Würde des Menschen ist unantastbar. Wer Menschen diskriminiert, tritt das Grundgesetz mit Füßen. Nur über die Demokratie kann es eine Gewährleistung der Menschenrechte geben. In Diktaturen gibt es keine Menschenrechte, sondern nur in Demokratien. Seit 1945 gibt es in Deutschland keinen einzigen Tag ohne Nazis und Neonazis. Wir müssen uns eingestehen, dass es in Deutschland nach wie vor einen strukturellen Menschenhass gibt. Wissenschaftliche Erkenntnisse beziffern ihn auf zwischen 10 und 15 Prozent der Gesamtbevölkerung. Die Enthemmung und die Schamlosigkeit haben sich seit den 2000er-Jahren deutlich entwickelt und wir haben in allen Parlamenten eine antidemokratische Partei sitzen. Das ist ein weiterer Warnschuss gegen die Demokratie. Haben wir die gesellschaftlichen strukturellen Risse in der Gesellschaft ernst genug genommen? Und dass diese Phänomene zwar auch die Minderheiten bedrohen, aber immer auch uns alle? Die größte Gefahr der Demokratie ist der Rechtsextremismus.

Paula Macedo Weiß (P. M. W.): Wie können wir angesichts dieser illiberalen Gefahren Inklusion, Diversität und Minderheitenschutz in unserer Gesellschaft gewährleisten?

M. F.: Das ist sehr spannend, wie man in Frankfurt sieht, ist es ja gar keine Frage nur von Minderheitenschutz. Es leben über 50 Prozent Menschen mit Migrantenhintergrund und ganz unterschiedlichen diversen Biografien hier. Das ist mehr als gut so, denn das ist der Sauerstoff unserer Gesellschaft. Eine Gesellschaft, die homogen ist, erstickt an ihrem eigenen Echo. Wie langweilig!

J. S.: Die große Mehrheit ist aber demokratisch, oder?

M. F.: Wir sollten unseren Blick tatsächlich auf die 80 Prozent der Gesellschaft richten, denen wir unterstellen, dass sie demokratisch sind. Hier empfehle ich einen differenzierten Blick: Sind diese 80 Prozent aktive Demokratie-

Anhänger oder sind unter ihnen auch sehr viele Gleichgültige? Gleichgültigkeit ist nie gut, heute erst recht nicht.

J. S.: Wen meinen Sie mit Gleichgültige?

M. F.: Bürgerinnen und Bürger, die passiv sind, solange ihnen das System unterstützend zur Seite steht. Das heißt
nicht, dass sie antidemokratisch sind. Aber sind sie demokratisch? Eine Demokratie lebt ja davon, dass Bürgerinnen
und Bürger sich weiterentwickeln wollen und die Demokratie ausfüllen. Die Menschen sind der Sauerstoff des
Demokratischen. Meine Sorge ist, dass ein Teil dieser
80 Prozent so leise ist, so müde ist, so verwöhnt ist. Sie
sind von ihrem Alltag und Wohlstand des vermeintlichen
Schlaraffenlands, nicht nur materiell, fett geworden. In
dieser Differenzierung sehe ich die Krise, an der wir arbeiten müssen. Den Menschen fehlt es in großen Teilen seit
Jahrzehnten an Mut und Motivation. Wir sehen, wie
schnell Demokratien zerbröseln: in Ungarn, in Polen, in
Schweden, auch in Israel. Allerdings möchte ich Israel als
Vorbild nennen. Wie laut, wie engagiert, wie nachhaltig
und konsequent die demokratischen Bürgerinnen und
Bürger Widerstand gegen den Abbau der demokratischen
Rechte leisten, ist großartig.

J. S.: Was können wir in Deutschland tun, um diese 80 Prozent zu aktivieren?

M. F.: Ganz einfach: etwas TUN. Jeder, wo er will. Demokratie kann ich nicht delegieren, ich muss sie leben. Demokratie ist ja nicht nur Bundestag, Landtag und Stadtverordnetenversammlung. Demokratie bedeutet, wie wir miteinander umgehen: in unserem sozialen Beziehungsgeflecht, im Arbeitsbereich, in allen Bereichen, in denen wir wirken, gilt: Die Würde des Menschen ist unantastbar. Demokratie ist Verantwortung, Engagement für die Anderen, Solidarität für die Anderen. Demokratie braucht deswegen Empathie. Das Ziel muss immer bleiben, menschlich miteinander umzugehen. Die Menschenwürde ist ein nicht zu verhandelndes Menschenrecht. Und Menschenrechte sind a-priori-Rechte. Unantastbar, unwiderrufbar.

P. M. W.: Wo liegen die Schwächen einer modernen demokratischen Gesellschaft?

M. F.: Das 20. Jahrhundert ist vorbei, viele Menschen haben es noch nicht verstanden, nicht nur, aber auch aus der politischen Elite. 9/11 ist die fundamentale Erschütterung des Selbstbewusstseins des Westens und damit das Ende der zweiten Hälfte des 20. Jahrhunderts. Auch die explosiven Möglichkeiten der Internet- und digitalen Möglichkeiten, ob in der Arbeit, der Technik, ob im tertiären Bereich, ob in Wissen oder der Sprache, ob im politischen Einflussspiel, ob in der Definition zukünftiger Lebensentwürfe, revolutionieren die Menschheit. Deutschland kann nicht einmal passiv in allen Bereichen davon profitieren, weil digitale Infrastrukturen ungenügend und nicht überall geschaffen wurden. Auch in Frankfurt sind Glasfasernetze nicht flächendeckend vorhanden. Peinlich, lächerlich, unverzeihbar! Aktiv spielt Deutschland kaum eine Rolle. Es sind Amerika, Indien und Israel ... und China, diese furchtbare Diktatur.

P. M. W.: Ich versuche nun, von der Geopolitik zu unserem Biotop Frankfurt zu kommen: Welche Rolle kann die Paulskirche als Ort für unsere jetzige Auseinandersetzung mit der Demokratie spielen?

M. F.: Die Paulskirche ist ein reales Symbol. Wir haben viele solcher Orte in Deutschland, aber das Hambacher Schloss und die Paulskirche sind zwei sehr zentrale Momente, wo Demokratie und das Selbstbewusstsein des Bürgers verhandelt wurden. Das Paulskirchenjubiläum ist ein konstruktives Projekt, wenn wir Menschen motivieren und mobilisieren nicht nur für diesen Augenblick, sondern auch für die Zeit danach. Mir macht Demokratie Lust, Ihnen auch? Deshalb müssen wir als Stadtgesellschaft viele Formate anbieten, Diskussionsräume schaffen, auch streitige, vor allem jungen Menschen – denn sie sind die Zukunft – Demokratie als etwas Wunderschönes anbieten, das sie konkretisieren. Die öffentlichen Festlichkeiten sind eine Initialzündung.

J. S.: Angesichts der Feierlichkeiten des Jubiläums: Ist eine solche Feier eine zeitgemäße Form?

M. F.: Unser Gedächtnis muss sich erinnern, wie viele Menschen für Demokratie und Freiheit gestorben sind und auch heute noch sterben, wie in der Ukraine, wie in Belarus, wie in der Türkei, wie in so vielen Teilen der Welt. Wir erreichen aber mit unseren ritualisierten Formen nur bestimmte Menschen: geladene und privilegierte. Was wir brauchen, ist eine Massenbewegung, in der viele kleine Puzzleteile die Bedürfnisse der Menschen repräsentieren. Dazu könnte auch das Haus der Demokratie helfen. Nur: Es gibt zu wenig Projekte und nie zu viele. Demokratie ist nicht nur ein Thema für Jubiläen. Es kommt nur zu einem Jubiläum, wenn man sich das ganze Jahr um Demokratie gekümmert hat. Ansonsten kann so ein Jubiläum auch eine sehr traurige Veranstaltung werden.

Prof. Dr. Dr. Michel Friedman, geboren 1956 in Paris, ist Philosoph, Publizist und Buchautor. Er ist Mitglied der Bundesstiftung Orte der Demokratie der Bundesrepublik Deutschland und Mitglied der Bundesstiftung Jüdisches Museum Berlin. Friedman moderiert außerdem das Demokratie-Forum des Hambacher Schlosses.

Jugend und Demokratie – Ihr seid gemeint!

Frank E. P. Dievernich

Ich bin 53 Jahre alt – und schreibe hier über die Jugend. Eine Anmaßung? Eher der Versuch, sich jener Generation zu nähern, die den Rest meiner Zukunft gestalten wird – und in die ich meine Hoffnung lege. Vielleicht ist es der wichtigste Staffelstab, der zwischen Generationen übergeben wird. Jener Übergabe und Vermittlung von grundlegenden Werten und Prinzipien, auf denen unsere freie, demokratische Grundordnung aufbaut. Demokratie ist nicht in Stein gemeißelt, sie muss stets aufs Neue erarbeitet werden. Von Generation zu Generation. Dabei wird nie das Gleiche übergeben. Anforderungen an Demokratie wandeln sich, da sich das gesellschaftliche Umfeld in einer steten Transformation befindet. So ist das mit dem Sozialen: Es verändert sich laufend. Konstant bleibt jedoch unser Grundgesetz, die Idee, dass die Gewalt vom Volke ausgeht, dass die Würde des Menschen unantastbar ist, dass wir eine Stimme haben. Seit jeher wurde und wird für diese Teilhabe gekämpft. Wollen wir eine soziale Gesellschaft bleiben, wird das auch in Zukunft so sein müssen.

Im Alltag unserer digitalisierten Wohlstandsgesellschaft kann schnell der Eindruck aufkommen, dass es das

Ringen um die Demokratie nicht mehr braucht: Alle Informationen sind verfügbar, auch unbequeme Meinungen, sogar jene ohne Faktengrundlage, können frei geäußert werden, das Konsumangebot ist überbordend und die persönliche Freiheit fast grenzenlos. In einem solchen Klima kann manch einer durchaus die Notwendigkeit für die Dauerarbeit an der Demokratie vergessen, ja gar über sie einschlafen. Davon erzählen auch die zunehmend mageren Wahlbeteiligungen.

Dann aber, fast plötzlich, tauchen Themen in der Öffentlichkeit auf, die uns nicht kalt lassen, die dazu führen, dass sich Stimmen aus unserer Mitte erheben. „Fridays for Future" sind eine solche Stimme – und sie stammt aus einer Jugend, die erwacht ist, zumindest sich aber nicht schlafen legt. Und das ist gut so. Die Stimme zu erheben, heißt den Anspruch zu formulieren, Gesellschaft gestalten zu wollen. An uns, den Alten, liegt es nun, den vielfältigen Stimmen der Jugend genau zuzuhören, auf sie zuzugehen und Räume des ernsthaften Austauschs zwischen den Generationen zu schaffen.

In einer Gesellschaft, die derart komplex und schnelllebig ist, braucht es den Mut, neue Formen demokratischer Mitgestaltung auszuprobieren. Gerade im Kontext des globalen Klimawandels braucht es dies, da wir das gesellschaftliche Leben schnellstens umstellen müssen, ohne die Bürgerinnen und Bürger, das gesellschaftliche Miteinander, dabei zu verlieren. Es ist auch eine starke

Möglichkeit, sich die Selbstwirksamkeit zurückzuerobern. Ernsthaft gehört zu werden, gar mitzubestimmen, in einer Gesellschaft, die bereits final durchstrukturiert erscheint, das ist wichtiger denn je. Findet das nicht statt, ist zu befürchten, dass sich entweder Machtlosigkeit breitmacht oder resignierend in den Schlafmodus des Geschehenlassens gewechselt wird. Davon haben wir zu viel, das können wir uns nicht mehr leisten.

Jugend ist Hoffnung, Jugend ist Zukunft. Wenn man das ernst meint, dann muss die Jugend so früh als möglich in Verantwortung gebracht werden. Verantwortung für den sozialen Kontext, in dem sie lebt. Dann muss Demokratie aus dem musealen Kontext herausgerissen und – so früh wie möglich – im alltäglichen Leben der Menschen erfahrbar werden.

Demokratie war immer ein zeitlich befristetes Unterfangen, ein Experimentierfeld, welches wiederum korrigiert werden kann. So ist der Kern jeder demokratischen Wahl konzipiert. Sie verteilt Macht nur für eine bestimmte Zeit. Das Leben tut es gleich. Aber das wollen die vorherigen Generationen oft nicht wahrhaben und halten am Alten fest. Während sie das tun, denken sie, sie täten etwas Wichtiges und Kluges für die junge Generation, weil sie einen erfahrungsbedingten Weitblick haben. Dabei waren sie es, natürlich immer im besten Wissen und Gewissen, die dazu beigetragen haben, das ökologisch-soziale-ökonomische System zum Kollabieren zu bringen – und das trotz der vielen technologischen Fortschritte, die wir bis dato erschaffen haben. Wenn sie nun etwas Gutes tun wollen, dann müsste die Hauptverantwortung von uns Alten darin liegen, die Jugend so schnell als möglich in die Verantwortung des demokratischen Prozesses zu bringen und diese zu befähigen, dass auch annehmen zu können. Dazu gehört auch, einer durch die Schnelllebigkeit der sozialen Medien beeinflussten jungen Generation zu vermitteln, dass Demokratie sich nicht bloß in Einzel-Aktionismus und einem Event-Charakter ausdrückt, sondern ein immer wieder mühsamer Überzeugungs- und Aushandlungsprozess ist. Durchhaltevermögen wird benötigt. Wir, die Älteren, müssen viel früher loslassen als wir je gedacht haben, müssen ernsthaft beginnen zu lernen, wie die Jugend wahrnimmt, was sie denkt, was sie fühlt, was sie hofft, was sie will – um sie dann auf Augenhöhe zu erreichen.

Angesicht der sozialen Medien ist immer wieder zu hören, dass man die Bevölkerung – und damit auch die jungen Menschen – nicht an Formen neuer, partizipativer Demokratie teilhaben lassen kann, da diese Medien manipulativ seien. Dabei ist es aber die Jugend, die wie keine andere Generation in diesen sozialen Medien groß geworden ist, und sich darin noch ihr ganzes Leben lang aufhalten wird. Gerade diese müssen befähigt werden, das Manipulative sehen und abwenden zu können. Unbestritten dürfte sein, dass ihre digitale Technikkompetenz gegenüber früheren Generationen extrem stark ausgebildet ist. Jedoch, um diesen „Staffelstab der Demokratie" gut übergeben zu können, braucht die Jugend dringend Medienkompetenz. Ebenso politische Bildung. So früh wie möglich braucht es den Gebrauch des Rechts auf Mitsprache, das kritische Denken und aktive Mitgestalten. Möglichkeiten der Beteiligung müssen aufgezeigt werden. Denn nur wer wirklich beteiligt wird, kann sich für Demokratie begeistern und fühlt sich gehört und gesehen. Das ist der Job, den wir als ältere Generation jetzt zu leisten haben: diesen Zugang für die Jugend sicherzustellen.

Angesichts des Zustandes der Welt haben wir keine Zeit mehr zu verlieren. Mut kann man in der Demokratie nicht wählen, man muss ihn zeigen. Das gilt für Alt und Jung gleichermaßen. Und wir Alte haben mittlerweile oft genug gezeigt, dass uns die Sicherung des Status quo näherliegt, als uns wirklich experimentell auf eine unsichere Zukunft einzulassen. Täglich kann man sich das im Kontext der Klimakrise vor Augen führen. Damit wir selbst aus unserem Käfig ausbrechen können, müssen wir uns auf die Suche nach der Jugend machen, mit ihr quasi in einer Koproduktion zusammenarbeiten, um gegenseitig die Sprache des anderen zu verstehen. So schaffen wir es dann auch, die Demokratie als gemeinsames, intergenerationales Lebenswerk am Leben zu halten.

Prof. Dr. Frank E. P. Dievernich ist Vorstandsvorsitzender der Stiftung Polytechnische Gesellschaft. Zuvor war er Präsident der Frankfurt University of Applied Sciences. Professuren hatte er an den Hochschulen Luzern und Bern inne. Als gebürtiger Frankfurter ist er Mitglied vieler Kuratorien und darüber hinaus Autor vielfältiger Publikationen zu den Themen Gesellschaft sowie Bildung.

Vom Versprechen der Teilhabe

Laurenz Aller

In einem Interview wurde ich einmal gefragt, wie es der Jugend in Frankfurt aktuell geht. Eine schwierige Frage. Betrachtet man die vergangenen drei Jahre und was sie mit sich gebracht haben, fällt es mir schwer, darauf eine pauschale Antwort zu geben: Seit dem Jahresanfang 2022 ist seit Jahrzehnten wieder Krieg in Europa. Die russische Armee hat über Nacht die Ukraine überfallen, tagtäglich sterben Menschen. Als Folge dieses Angriffskrieges stiegen Gaspreise, Haushalte waren sich unsicher, ob und wie sie ihre Häuser im Winter warmhalten sollten. Dazu kam die hohe Inflation, welche zudem die Lebensmittelpreise stark anhob. Gerade sozial schwache Familien wurden dadurch noch mehr belastet, und sind es immer noch.

Zugleich bemerken wir immer mehr die Auswirkungen des Klimawandels auf unser aller Leben. Der Sommer 2023 war in Europa der heißeste seit Beginn der Aufzeichnungen, zudem werden Starkregen, Unwetter und Dürre immer häufiger. Gerade Städte wie Frankfurt stehen vor der Herausforderung, Möglichkeiten zu finden, die Stadt klimasicher zu machen. Zuletzt spüren wir immer noch die Auswirkungen der Coronapandemie: Auch, wenn wir die akute Phase mittlerweile überwunden haben, so wurde in vielen Bereichen aufgedeckt, was Jahre lang unentdeckt, vielmehr unbeachtet blieb. So beispielsweise die schlechte infrastrukturelle Ausstattung an Schulen. Praktisch von einem auf den anderen Tag wechselten ganze Schulgemeinden auf eine digitale Arbeitsweise. Für einige war diese Zeit keine große Herausforderung, da sie über die erforderliche Technik und notwendige Unterstützung im Elternhaus verfügten. Doch für andere stellte sie eine enorme Belastung dar: In großen Familien verbrachte man den Alltag oft auf engstem Raum, und die Technik für den digitalen Unterricht war häufig nicht ausreichend vorhanden. Die Unterstützung seitens der Stadt Frankfurt erreichte viele zu spät. Deshalb war die Zeit während der Pandemie für viele Jugendliche besonders herausfordernd.

Das zeigen auch Studien: Kinder und Jugendliche leiden öfters an Depressionen, Essstörungen und haben mit mehr Lernproblemen zu kämpfen. Bis heute. Oft sind dabei Kinder und Jugendliche aus ärmeren Familien mehr betroffen, da gerade für sie die Pandemiezeit schwer war. Es braucht gerade deshalb mehr Unterstützungen an Schulen für Jugendliche. Angefangen mit einem gut ausgebauten und konstanten Angebot der Jugendhilfe an der Schule. Die Stadt Frankfurt bietet dies zwar bereits an, jedoch nicht an den Gymnasien. Und auch das Land tut zu wenig in der Unterstützung von psychisch belasteten Schülerinnen und Schülern. Das Angebot an Schulpsychologen ist in Hessen mehr als mangelhaft. Auf eine Stelle als Schulpsychologe kommen Ende 2022 über 6.000 Schülerinnen und Schüler. Auch hier braucht es einen starken Ausbau dieses Angebots.

Betrachtet man nun die Ausgangslage der Jugendlichen, so sieht diese ganz schön trüb aus. Dieser „Dauerkrisenmodus" lässt wenig Raum für Hoffnung. Und das merkt man auch. Die Unzufriedenheit der Jugend mit der Politik und Gesellschaft wird spürbar größer. Trotzdem oder vielleicht gerade auch deshalb, besteht bei Jugendlichen ein größerer Drang und Wille zu verändern. Nicht nur Fridays for Future, sondern auch die von Schülerinnen und Schülern organisierte Demonstration gegen den russischen Angriffskrieg auf die Ukraine zeigen das deutlich. Und auch hier wohnt jedem Anfang ein Zauber inne. Der Wille zum Verändern ist stark und zu Beginn auch sehr beständig. Doch nicht zu selten stoßen auch die Jugendlichen auf Hürden. Denn oft fehlt ihnen der Platz zum Gestalten, ein Raum für freies Denken, zum Ausprobieren und für Selbstverwirklichung. Dieser Platz muss oft gegen gesellschaftlichen oder strukturellen Druck erkämpft werden. Dabei wird doch immer wieder beklagt, die Jugend sei unpolitisch und interessiere sich nicht dafür. Wie sollen Jugendliche Demokratie erfahren, wenn sie diese nicht selbst leben können?

Wer jetzt sagt, dass es genügend Angebote für Jugendliche gibt, in denen sie selbst gestalten können, dem muss ich gleichzeitig zu- und widersprechen: Ja, es gibt

Angebote für Jugendliche. Ob diese jetzt in genügender Anzahl zur Verfügung stehen, lasse ich jetzt der Einfachheit halber außen vor. Jedoch sind viele Angebote nicht attraktiv für Jugendliche. Es fehlt auch hier an Raum zum Gestalten. Jugendlichen wird maximal der Raum zum Gestalten gegeben, indem sie nicht mit dem der Erwachsenen kollidieren. Es wird kein Platz gemacht. Jedes Stück Platz mehr müssen Jugendliche sich erarbeiten, teils sogar erkämpfen. Aber wieso? Sollte die Gesellschaft den Jugendlichen nicht aktiv diesen Raum geben zum Wohle der Gesellschaft? Funktioniert nicht eine Stadt besser, in der alle die Möglichkeit haben zu gestalten, einen Raum für Teilhabe haben? Ich meine, ja. Und dazu braucht es die strukturellen Gegebenheiten, damit Jugendliche sich politisch engagieren können. Strukturen die *wirkliche* Partizipation von Jugendlichen ermöglichen und fördern. Beispielswiese ein Jugendparlament. Mit ähnlichen Rechten wie ein Stadtparlament. So können Jugendliche politisch aktiv werden, gemeinsam an einem Strang ziehen und Demokratie tatsächlich erfahren und fördern.

Hierbei ist es trotzdem wichtig, dass der Zugang dazu so niedrigschwellig wie möglich gestaltet wird, damit alle Jugendlichen die Möglichkeit zur Partizipation haben. Doch allein ein Jugendparlament wird nicht reichen. Denn wie auch bei den Erwachsenen wird es Jugendliche geben, die sich von diesem Angebot nicht angesprochen fühlen. „Schulterzucker". Das ist selbstverständlich kein

Problem, denn politische Strukturen sind eben nichts für manche. Jedoch bedeutet dies nicht, dass diese keine Meinung haben. Und das ist oft der Trugschluss. Auch ihre Meinung muss gehört und beachtet werden. Deshalb muss man hier einen anderen Ansatz verfolgen. Man muss auf sie zugehen und aktiv befragen. Und das muss dort geschehen, wo Jugendliche sich aufhalten, sei es der Skatepark, die Shisha-Bar oder wahrscheinlich am wichtigsten: die Schule.

Das ist ganz schön viel verlangt, dem bin ich mir durchaus bewusst. Doch ich glaube, es ist das, was gerade noch fehlt und was unsere Demokratie, besonders jetzt, braucht. Ich wünsche mir sehr, dass in den kommenden Jahren ein Jugendparlament in Frankfurt entsteht und sich gut etabliert. Und dafür braucht es Engagement, Willen und vor allem Durchhaltevermögen. Unsere Demokratie braucht die gesamte Gesellschaft, um auch in Zukunft zu funktionieren. Holen wir deshalb die Jugendlichen ab und integrieren sie in den demokratischen Diskurs.

Laurenz Aller ist seit 2022 Mitglied der Planungsgruppe für das Frankfurter Jugendparlament und war bis 2023 Stadtschulsprecher von Frankfurt. Nach seinem Abitur 2024 möchte er Jura studieren und sich weiter politisch in der Stadt Frankfurt engagieren.

Warum Frankfurt einen Demokratiepreis braucht – ein Interview mit Wilhelm Bender und Rüdiger von Rosen

Interview: Jasmin Schülke

Jasmin Schülke (J. S.): Sie beide hatten die Idee zu einem Demokratiepreis, der weit über Frankfurt hinausstrahlen soll. Erklären Sie uns, was Sie mit einer solchen Auszeichnung bewirken wollen.

Wilhelm Bender (W. B.): Die Idee eines Preises, der die Stadt Frankfurt und die RheinMain Region international noch besser positionieren soll, haben wir seit vielen Jahren in der Wirtschaftsinitiative FrankfurtRheinMain diskutiert. Es lag nahe, dass wir unsere Kräfte mit der Frankfurter Gesellschaft für Handel, Industrie und Wissenschaft bündeln. Ab Mitte 2020 haben wir beide dann in einer Vielzahl von Gesprächen für die Idee geworben, wie ein solcher Preis in das 175-jährige Jubiläum der Deutschen Nationalversammlung von 1848 eingebracht werden könnte. Wir verfolgen zwei Ziele: Frankfurt soll und muss als deutsche Hauptstadt der Demokratie, der Freiheit und der Menschenrechte in der weltweiten Wahrnehmung und auch im Gedächtnis der Bürger und Bürgerinnen verankert werden.

Rüdiger von Rosen (R. v. R.): Es war ja auch gerade der amerikanische Präsident John F. Kennedy, der 1963 in seiner berühmten Rede die Paulskirche als „cradle of democracy" bezeichnet hat. Durch die jeweiligen Preisträgerinnen und Preisträger wollen wir außerdem ständig daran erinnern, dass Demokratie nachhaltig verteidigt und immer wieder erkämpft werden muss. Wir erleben ja tagtäglich, welchen Gefährdungen und gar Anfeindungen Demokratie ausgesetzt ist, und das nicht nur in anderen Ländern, sondern auch bei uns.

J. S.: Sie sagen, dass dies ein Preis von internationalem Rang werden soll. Wie unterscheidet sich der Demokratiepreis von anderen großen Auszeichnungen, wie etwa dem Karlspreis?

R. v. R.: Mit der Entscheidung, den Preis mit der Paulskirche und dem Jubiläum der Deutschen Nationalversammlung zu verbinden, ergab sich der an den Preis zu stellenden Anspruch fast von allein. Alles andere als internationale Reputation wäre nicht angemessen. Die Paulskirche ist für uns Deutsche nicht nur ein wunderbarer Lichtblick in unserer von vielen Brüchen gezeichneten Geschichte. Sie ist auch Ermutigung für alle diejenigen, die sich weltweit für Demokratie einsetzen – zum Teil auch mit ihrem Leben.

W. B.: Mit dem Karlspreis von Aachen werden Menschen ausgezeichnet, die sich um die Europäische Einigung verdient gemacht haben. Wir richten unseren Blick weltweit auf Verteidiger der Demokratie. Das können natürliche Personen, aber auch Institutionen sein. Wenn es gelingt, rasch an die Reputation des Karlspreises heranzukommen, wäre das natürlich ein großer Erfolg.

J. S.: Welche Preisträger haben Sie für einen solchen Preis im Sinn? Was muss die Ausgezeichneten ausmachen?

W. B.: Preisträger müssen sich mutig für die Schaffung bzw. Erhaltung der Demokratie einsetzen. Autokratische Regime und Rechtspopulisten werden immer lauter und mächtiger. Wir lesen dies tagtäglich in den Medien. Dagegen ein Bollwerk zu errichten, ist aller Mühen wert. Die detaillierten Kriterien, wer für den Demokratiepreis in Frage kommt, muss das dafür zu schaffende Gremium treffen. Als Initiatoren können wir hier nur unsere Erwartungen artikulieren.

J. S.: Der Demokratiepreis soll in der Paulskirche verliehen werden. Sie betonen, dass es dabei nicht um Historismus gehe. Um was geht es Ihnen?

R. v. R.: Es gibt in Deutschland keinen zweiten Ort, der so mit der Geschichte der Demokratie verbunden ist, wie die Frankfurter Paulskirche. Es ist geradezu ein Muss, hier den Preis zu verleihen mit Blick in die Zukunft. Das ist gleichzeitig Verpflichtung, würdige Preisträgerinnen und Preisträger zu benennen.

J. S.: Angesichts der Bedrohungen unserer Demokratie durch Populismus, Kriege und Autokraten – wie kann ein solcher Preis zur Stärkung unserer Demokratie beitragen?

W. B.: Der Preis soll Mut machen – in erster Linie den Ausgezeichneten, die weltweit für ihren Einsatz Anerkennung erhalten, gleichzeitig aber auch allen anderen, die seine Begründung und Vergabe verfolgen. Dabei geht es nicht nur um die heutigen Aggressoren wie Russland, Iran, Syrien oder Hamas. Es geht auch um den Alltag bei uns in Frankfurt, um täglichen Widerspruch gegen Antisemitismus, Rassismus und um die unsäglichen Versuche am Arbeitsplatz, im Verein, in der Kirche und überall, Demokratie und die sie tragenden Institutionen zu verunglimpfen und lächerlich zu machen. Leider scheint der Konsens in der Bevölkerung, dass Demokratie die am besten geeignete Staatsform für Freiheit und Menschenrechte ist, mehr und mehr verloren zu gehen. Dafür zu kämpfen und ein klares Zeichen zu setzen, ist uns Ansporn und Verpflichtung.

J. S.: Der Preis sollte zum Paulskirchenjubiläum erstmals verliehen werden. Warum konnte dies nicht eingehalten werden?

R. v. R.: Das Jubiläum in diesem Jahr 2023 für die Erstvergabe nicht genutzt zu haben, war die Vergabe einer großen Chance. An unseren Anstrengungen lag es nicht. Noch vor Abschluss des Koalitionsvertrages der gegenwärtigen Römerkoalition haben wir im Juni/Juli 2021 mit allen Fraktionen eingehende Gespräche geführt. Diese waren konsensual und ermutigend. Grüne, SPD, FDP und Volt begrüßten unseren Vorschlag. Natürlich haben wir auch die CDU mit eingebunden. Unser Vorschlag, den wir auch schriftlich formuliert hatten, wurde Teil des Koalitionsvertrages. Wir sahen uns daher auf der Zielgeraden.

W. B.: Die spätere Diskussion innerhalb der Römerkoalition einschließlich der Turbulenzen um die Neubesetzung des Amtes des Oberbürgermeisters hat dann wohl zu Verzögerungen geführt, sodass der angedachte Zeitplan nicht mehr einzuhalten war. In diese Diskussion waren wir nicht eingebunden. Bedauerlicher ist allerdings, dass die angestrebte Schirmherrschaft durch Bundespräsident Dr. Steinmeier aufs Spiel gesetzt wurde. Durch unsere Gespräche waren wir hier auf gutem Weg. Jetzt ist klar, dass der Bundespräsident die Schirmherrschaft nicht übernehmen wird mit der Begründung, dass die Idee bereits in Öffentlichkeit und Medien diskutiert wurde, bevor der Genannte selbst unterrichtet war.

J. S.: Angesichts der Verzögerungen aus den Reihen der politischen Verantwortlichen – wäre es eine Alternative, dass die Jury ausschließlich aus den Reihen der Frankfurter Bürger besetzt wird?

R. v. R.: Der Preis kann nur von der Stadt Frankfurt getragen werden. Die gewählten Vertreter und damit politisch Verantwortlichen müssen diesen Preis wollen und entscheiden. Eine private Initiative kann allzu schnell in Interessenkonflikte geraten, weil wirtschaftliche Interessen zu Kollisionen führen können. Aber natürlich sollten einer Jury neben Mandatsträgern als geborene Mitglieder auch Frankfurter Bürgerinnen und Bürger angehören.

Prof. Dr. iur. Wilhelm Bender, Honorarprofessor der Goethe-Universität, Vorsitzender der Freundesvereinigung der Goethe-Universität und zahlreiche weitere Ehrenämter. Ehemaliger Vorsitzender des Vorstandes Fraport AG und vorher Schenker & Co. GmbH.

Prof. Dr. rer. pol.Rüdiger von Rosen, Honorarprofessor der Goethe-Universität, Honorarkonsul der Republik Lettland, Präsident der Frankfurter Gesellschaft für Handel, Industrie und Wissenschaft (2013 bis 2021), tätig bei der Deutschen Bundesbank, der Frankfurter Wertpapierbörse/Deutsche Börse AG und dem Deutschen Aktieninstitut.

Demokratie und katholische Kirche in Frankfurt

Johannes zu Eltz

Katholische Kirche und Demokratie passen nicht gut zusammen, das weiß jeder. Päpste und Bischöfe wurden 100 Jahre lang nicht müde zu betonen, dass die Kirche keine Demokratie sei und auch keine werden könne. Die Forderung, die Kirche müsse mit der Zeit gehen und ihre Strukturen demokratisieren, verkenne das Wesen der Kirche, die keine von Menschen gemachte Einrichtung sei, sondern eine von Gott gegründete und geleitete Glaubensgemeinschaft mit einer heiligen Ordnung. 1870 hatte das I. Vatikanische Konzil die katholische Kirche zur Festung ausgebaut und die Hierarchie als Wächter auf die Zinnen gesetzt. Der Antimodernismus wurde in Rom Programm, allerdings mit hochmodernen Mitteln. Was in der Gründerzeit vielerorts die politische und wirtschaftliche Entwicklung in Deutschland beförderte und nicht zuletzt in Frankfurt die Kultur beflügelt hat, das erschien Papst Pius IX. wie die Pforten der Hölle, vor denen sich die Gläubigen auf den Fels Petri retten sollten. Die im Bismarck-Reich drangsalierten Katholiken organisierten sich in Deutschland erfolgreich als große Randgruppe und scharten sich hinter Papst und Bischöfen. Das unrühmliche

Ende der Hohenzollern-Monarchie und die Demütigung Deutschlands im Versailler Vertrag traf die „Ultramontanen" weniger hart als die treudeutschen Protestanten. Im Zentrum hatten sie eine erprobte und wirkungsvolle Organisation für Politik aus katholischer Sicht. Als die Weimarer Republik nach 14 Jahren sich der nationalsozialistischen Gewaltherrschaft ergab, sank die katholische Kirche nicht auch dahin, sondern hielt an vielen Stellen stand. Sie war in Wirklichkeit bei Weitem nicht so heldenmütig im Widerstand und so gefeit gegen den völkischen Ungeist, wie sie sich selbst gerne sah, aber nach 1945 stand sie doch frei und stolz unter Gedemütigten und hatte gewaltig viel Kredit, auf den sie im Nachkriegsdeutschland überall anschreiben ließ. Dieser Kredit ist in Deutschland spätestens seit 2010 aufgezehrt. Gutes Ansehen ging mit der Enthüllung von Missbrauch durch Geistliche und Vertuschung durch Vorgesetzte verloren. Die katholische Kirche steht bei uns im kurzen Hemd da. Die Hartleibigkeit reaktionärer Bischöfe und römischer Behörden, an denen Reformvorschläge und Demokratisierungsansätze einfach abprallen, wirkt, wenn man sich solche Blößen gibt, nicht mehr erhaben, sondern lächerlich. Der Ton der Kirchenkritik in den Medien ist viel schärfer geworden. Auch in Parlamenten und Verwaltungen macht sich vielerorts ein kaltes Misstrauen breit, dem sich Kirchenvertreter seit Menschengedenken nicht mehr ausgesetzt sahen.

Die katholische Kirche steht also an einem Scheideweg und zögert. Wo ist der Weg Jesu, wo geht es Richtung

Reich Gottes? Dass die Weltkirche jetzt wie vor 150 Jahren die Reihen schließt und in eine Richtung marschiert, ist sehr unwahrscheinlich. Auch was in diesen Tagen von der Weltsynode nach außen dringt, spricht nicht dafür. Auf dem Papier steht immer noch der rechtliche Allmachtsanspruch des Papstes, der in der Ausübung seines Lehramtes unfehlbar ist. Aber die Transmission seiner zentralen Befehlsgewalt funktioniert über weite Strecken nicht mehr, vor allem dort nicht, wo das politische Umfeld eine absolutistische Begründung von Herrschaft nicht stützt. Der Glaube der Gläubigen wird eben nicht nur von kirchlicher Katechese und katholisch-kultureller Prägung, sondern auch von den allgemeinen gesellschaftlichen Verhältnissen bestimmt. Die ergeben sich in Deutschland seit 1949 im Rahmen des Grundgesetzes, das eine große Mehrheit selbstverständlich gut findet, mit Betonung auf „selbstverständlich", und auf dessen Freiheits- und Teilhaberechte auch am rechten und linken Rand die verwöhnten Verächter des Systems nicht verzichten wollen. Wenn die katholische Kirche, der man die Kreditlinie gekündigt hat und keinen Sonderweg mehr zubilligt, weiter darauf beharrt, demokratische Gepflogenheiten zu ignorieren, verliert sie immer mehr Resonanz und Relevanz in der Gesellschaft und exkulturiert sich selbst. Das für christlichen Widerstand gegen den Zeitgeist zu erklären, wie es lautstark die kirchliche Rechte tut, ist ein groteskes Missverständnis, das sich nur aus der Psycho-Logik des Narzissmus erklären lässt. In Wirklichkeit machen wir uns so selbst die Erfüllung unseres Auftrages unmöglich, das Evangelium unter die Leute zu bringen, denn die wollen die Botschaft nicht hören, wenn sie die Boten schräg und die Kirche anachronistisch finden. Wer gegen den Strom schwimmen will und Lust auf christlichen Widerstand hat, soll das unverkürzte Evangelium verkünden, in dem jede Menge Sprengstoff für das saturierte Selbstbewusstsein säkularisierter Gesellschaften steckt. Das kann man aber nur dann tun, wenn man sich in diesen Gesellschaften einen Platz erarbeitet, von dem aus man gehört und verstanden wird. Um diese Arbeit kommen in einem weltlichen Gemeinwesen Kirchenmenschen nicht herum, auch hochrangige Kleriker nicht. Die Zeiten, in denen uns dafür ein rotsamtenes Stühlchen in der ersten Reihe reserviert wurde, sind vorbei.

Jetzt kommt Frankfurt ins Spiel. Hier gab es das rotsamtene Stühlchen nämlich noch nie, und wer darauf besteht, den guckt der Frankfurter stirnrunzelnd an und sagt: „Heer mer uff!" Die Stadt war immer bürgerlich geprägt; eine Republik schon, als das Patriziat herrschte, nach 1870 vorneweg in der demokratischen Bewegung. Kaiser, Bischöfe und andere hohe Herrschaften sah man hier immer gerne kommen, vor allem wenn sie für Umsatz sorgten, aber dann auch gerne wieder gehen. Vorrechte aus Abstammung und Weihe leuchten dem gemeinen Frankfurter nicht ein. Schon 1525 war Frankfurt evangelisch, das passte besser zu Handel und Wandel. Danach galt folgende Faustregel: „Die Lutheraner haben die Macht, die Reformierten haben das Geld, und die Katholiken haben die Kirchen." Im 19. Jahrhundert war die katholische Kirche in Frankfurt, selbst eher am Rand der guten Gesellschaft, für die kleinen Leute da. Das hat sie auf links gedreht, und das spürt man bis heute. Die Demokratiebewegung seit dem Vormärz hat viele Katholiken den Kopf heben lassen. Der Tiroler Benediktiner Beda Weber war 1848 Abgeordneter in der Paulskirche, ehe er Stadtpfarrer von Frankfurt wurde. Nach dem ersten Weltkrieg hat die linkskatholische Rhein-Mainische Volkszeitung Demokratie und Republik verteidigt; der junge Walter Dirks hat sich dort die ersten Sporen verdient. Mit dem Bild des Kirchengeschichtlers Hubert Wolf gesprochen: Unter der Frankfurter Stadtkirche gibt es eine Krypta, in der die Zeugnisse einer wagemutigen und fortschrittsfreudigen Zeitgenossenschaft aufbewahrt werden. In Frankfurt passen Demokratie und katholische Kirche schon lange ziemlich gut zusammen. Was einmal war, das kann wieder werden, und was hier geht, das geht auch anderswo.

Stadtdekan Dr. Johannes zu Eltz wurde 1957 in Eltville geboren und wuchs im Rheingau auf. Nach Abschluss seines Jurastudiums entschloss er sich, Philosophie und Theologie in Frankfurt und Rom zu studieren. 1991 wurde er im Limburger Dom zum Priester geweiht. 1995 Pfarrer im Westerwald, war er von 1999 bis 2010 Leiter des kirchlichen Gerichts in Limburg und von 2006 bis 2010 Stadtdekan von Wiesbaden. Seit August 2010 ist er Stadtdekan von Frankfurt und bischöflicher Kommissar, Pfarrer in der Dompfarrei St. Bartholomäus mit ihren Kirchorten und Vorsitzender des Caritasrates.

„Medizinische Themen waren schon immer politische Themen" – ein Interview mit Sandra Ciesek

Interview: Frank E. P. Dievernich, Jasmin Schülke

Frank E. P. Dievernich (F. D.): Frau Ciesek, was ist für Sie eine „gesunde Gesellschaft"?

Sandra Ciesek (S. C.): Eine gesunde Gesellschaft ist für mich eine Gesellschaft, die individuelle und kollektive Gesundheit anstrebt. Gleichzeitig sollten wir dabei nicht die Menschen aus dem Auge verlieren, die zeitweise oder langfristig nicht gesund sein können, beispielsweise aufgrund ihres Alters, einer chronischen Krankheit oder Behinderung. „Gesund" sollte also nicht zu simpel mit „gut" gleichgesetzt werden. Eine gute Gesellschaft ist für mich eine, die physische, mentale und soziale Gesundheit ermöglicht und fördert sowie Krankheit nach höchsten Standards heilt oder versorgt. Dazu gehört, dass man allen entsprechenden Zugang zur medizinischen Versorgung ermöglicht.

Jasmin Schülke (J. S.): Wie würden Sie den Gesundheitszustand unserer Gesellschaft im Jahre 2024 beschreiben?

Generell kann man sagen, dass wir im internationalen Vergleich derzeit recht gut abschneiden, wenn man sich zum Beispiel die offiziellen Statistiken ansieht. Sowohl die hygienischen Bedingungen als auch die Ernährung insgesamt hat sich deutlich verbessert, Mangelernährung spielt zum Beispiel heutzutage in unserer Gesellschaft keine Rolle mehr. Die medizinische Versorgung ist ebenfalls im internationalen Vergleich sehr gut und ich selbst denke immer, dass es eigentlich kein anderes Land gibt, in dem ich lieber leben möchte, wenn ich medizinische Versorgung benötige. Trotzdem oder auch durch die veränderten Lebensbedingungen nehmen jedoch bestimmte Erkrankungen wie Diabetes mellitus oder Herzkreislauferkrankungen oder auch andere durch Übergewicht und Bewegungsmangel bedingte Erkrankungen immer weiter zu. Auch schneiden wir im Vergleich mit 15 weiteren westeuropäischen Ländern in der durchschnittlichen Lebenserwartung in einer kürzlich veröffentlichten Studie aus dem Max-Planck-Institut für demografische Forschung sowie dem Bundesinstitut für Bevölkerungsforschung schlecht ab und liegen in dem Ranking nur auf Platz 15 bei Männern und Platz 14 bei Frauen.

F . D.: Was müsste verbessert werden?

S. C.: Insgesamt wünsche ich mir, hier bei der Bevölkerung mehr auf Prävention und Gesundheitskompetenz zu setzen als auf die Behandlung dieser oft durch den Lebenswandel bedingten Erkrankungen. Auch gibt es heute noch eine gewisse gesundheitliche Ungleichheit in der Gesellschaft: einige Erkrankungen finden sich häufiger bei Personen mit niedrigerem Bildungsstand, niedrigem beruflichen Status oder geringem Einkommen. Die Lebenserwartung eines armen Menschen ist im Vergleich zu einem reichen Menschen um etwa zehn Jahre reduziert. Auch hat uns kürzlich die COVID-19 Pandemie wie ein Brennglas gezeigt, dass arme Menschen oder Menschen in prekären Lebensverhältnissen besonders unter der Pandemie, deren Folgen und Einschränkungen gelitten haben.

J. S.: Welche Zusammenhänge sehen Sie zwischen Gesundheit und Demokratie?

S. C.: Die Jahre der Coronapandemie haben uns gezeigt, dass man in der Medizin manchmal individuelle (Impf-) Entscheidungen gegen das Interesse der öffentlichen Gesundheit abwägen muss. Das Gleiche sehen wir in demokratischen Prozessen, in denen ebenfalls individuelle Freiheiten gegen das Gemeinwohl abgewogen werden müssen. Im Idealfall werden diese komplexen Situationen transparent, verständlich und öffentlich diskutiert und gemeinschaftlich entschieden. Meine Hoffnung ist, dass man damit sowohl der aufkommenden Wissenschaftsskepsis sowie Demokratieskepsis entgegentreten kann.

F. D.: Sie sind u.a. Mitglied des Gesundheitsbeirates des Gesundheitsamtes der Stadt Frankfurt: Welche Herausforderungen für die Gesundheit sehen Sie in Zukunft für Menschen, die in einer Metropolregion beziehungsweise Großstadt wie Frankfurt am Main leben?

S. C.: Die beiden größten Herausforderungen sind meines Erachtens, dass unsere Bevölkerung immer älter wird und dass es durch den Klimawandel immer heißer in den Innenstädten werden wird. Ältere Menschen sind jedoch besonders anfällig für Hitze und Folgen der Luftverschmutzung. Es ist deshalb wichtig, dass Großstädte jetzt anfangen, sich darauf vorzubereiten und entsprechende Maßnahmen ergreifen wie zum Beispiel die Schaffung von Grünflächen und die Begrünung vom Stadtgebiet, um Hitzeinseln entgegenzuwirken und die Luftqualität zu verbessern. Auch macht mir die mögliche soziale Isolation, insbesondere von älteren Menschen in Großstädten, Sorge.

Man kann aber auch nicht an Frankfurt und Gesundheit denken, ohne dabei an das Bahnhofsviertel zu denken. Hier sehen wir Personen, die ganz offensichtlich gesundheitliche Probleme haben und mehr (oder andere) Hilfe bedürfen als sie aktuell empfangen. Das sehe ich generell als eine der Herausforderungen für Menschen in Metropolregionen – dass nicht alle gleichwertig „mitzählen" und nicht die gleiche hochwertige Gesundheitsversorgung erhalten, die uns allen zusteht. Ein weiterer Aspekt ist der Einfluss von sozialen Faktoren, wie z. B. Wohnraum, auf den Gesundheitszustand der Menschen.

J. S.: Spielt in diesem Zusammenhang Demokratie eine Rolle? Und wenn ja, welche?

S. C.: Demokratie spielt in diesem Zusammenhang eine wichtige Rolle, da es um Verteilungsgerechtigkeit von begrenzten Ressourcen geht – beispielsweise zwischen den reicheren und ärmeren Bewohnern einer Stadt. Gleichzeitig sollten wir nicht vergessen, dass Personen in Metropolregionen zumindest geografisch gesehen einen exzellenten Zugang zur medizinischen Versorgung haben, der Menschen in ländlichen Regionen auch ermöglicht werden sollte.

F. D.: Die Coronapandemie hat gezeigt, dass medizinische Themen durch die Gesellschaft auch als politische Themen betrachtet werden können. Inwiefern, angesichts der vielfältigen gesellschaftlichen Herausforderungen, wird sich das Verhältnis zwischen Gesundheit und Politik aus Ihrer Perspektive in Zukunft entwickeln?

S. C.: Medizinische Themen waren schon immer politische Themen. Durch die Coronapandemie ist dies gegebenenfalls für die Breite der Gesellschaft besser sichtbar geworden. Politik kann als „Wer erhält was wann und wie?" zusammengefasst werden. Diese Fragen werden in

Zeiten von Ressourcenknappheit und gegebenenfalls geringerem Zusammenhalt in der Gesellschaft auch für medizinische Themen immer mehr in den Vordergrund rücken.

J. S.: Was würden Sie abschließend sagen, müssten wir tun, um die Demokratie gesund zu halten, oder da, wo sie angekratzt ist, wieder zu gesunden? Was also kann die Demokratie von der Medizin lernen?

S. C.: In der Medizin gehen wir nicht davon aus, dass Patientinnen und Patienten einfach so, ohne aktives Zutun genesen. Stattdessen bilden wir über Jahre kluge und engagierte Köpfe aus, die sich über Jahrzehnte weiter fortbilden und spezialisieren, um sich so gut wie möglich um ihre Patienten und Patientinnen zu kümmern. So sollten wir uns auch um die Gesundheit unserer Demokratie kümmern.

Prof. Dr. Sandra Ciesek ist Virologin. Sie leitet als Direktorin das Institut für Medizinische Virologie am Universitätsklinikum Frankfurt. Sandra Ciesek ist außerdem Professorin für Medizinische Virologie an der Goethe-Universität Frankfurt.

Sicherung der Demokratie in Deutschland, den Vereinigten Staaten und darüber hinaus

Norman Thatcher Scharpf

In den vergangenen 75 Jahren haben sich die Beziehungen zwischen den Vereinigten Staaten und Deutschland grundlegend gewandelt. Heute ist Deutschland einer der stärksten Partner der USA, dank unserer engen Verbindung als Freunde, Handelspartner und Verbündete. Unsere politischen, wirtschaftlichen, kulturellen und sicherheitspolitischen Beziehungen, die für den gemeinsamen Wohlstand und die anhaltende Stabilität von entscheidender Bedeutung sind, beruhen auf intensiven zwischenmenschlichen Kontakten und einer engen Koordinierung auf allen Ebenen – natürlich auch auf der Ebene der Städte, wie die Städtepartnerschaft zwischen Frankfurt und Philadelphia beispielhaft zeigt.

Frankfurt weist als Wiege der deutschen Demokratie bemerkenswerte Parallelen zu Philadelphia auf, wo sowohl die Unabhängigkeitserklärung der USA als auch die amerikanische Verfassung unterzeichnet wurden. So wie diese Dokumente die amerikanische Nation geprägt haben, so spielten die Beratungen in der Paulskirche eine zentrale Rolle in der deutschen Geschichte. Diese historische Kirche diente als Versammlungsort für die Paulskirchenversammlung von 1848, die den Grundstein für die deutsche Demokratie legte. Die Städtepartnerschaft zwischen Frankfurt und Philadelphia gründet auf dieser gemeinsamen historischen Bedeutung und dem dauerhaften Bekenntnis zu den Werten der Freiheit und Demokratie. Der Austausch von Ideen, die kulturelle Zusammenarbeit und die gemeinsamen Erfahrungen, die durch diese Partnerschaft gefördert werden, stärken die Verbindung zwischen den beiden Städten noch mehr. Die Parallelen dieser richtungsweisenden Ereignisse unterstreichen die anhaltende Bedeutung demokratischer Ideale auf beiden Seiten des Atlantiks.

Am letzten Tag des Verfassungskonvents in Philadelphia im Jahr 1787 wurde Benjamin Franklin, einer der Gründerväter der Vereinigten Staaten, gefragt, ob die USA eine Monarchie oder eine Republik sein würde. Seine Antwort gilt auch mehr als 230 Jahre später noch: „Eine Republik, wenn Sie es schaffen, sie zu erhalten." Russlands grausamer Krieg gegen die Ukraine hat uns daran erinnert, dass Freiheit und Demokratie keine Selbstverständlichkeiten sind. Die Demokratie, der leitende Grundwert unserer beiden Länder, muss in den Vereinigten Staaten, in Deutschland, Europa und anderswo gepflegt und geschützt werden. Unser gemeinsamer Glaube an diesen Wert, der die deutsch-amerikanische Partnerschaft in den letzten siebeneinhalb Jahrzehnten geprägt hat, ist das Bin-

deglied, das unser transatlantisches Bündnis zusammenhält und unsere gemeinsamen Bestrebungen voranbringt.

Es ist wichtig, stets daran zu denken, dass die Erhaltung der Demokratie eine aktive Bürgerschaft und den
Schutz der Institutionen sowie der universellen Menschenrechte aller erfordert. Dieses Verständnis gab den
Anstoß zu Präsident Bidens Demokratiegipfel, bei dem
sich internationale demokratische Partner auf eine positive Agenda für die demokratische Erneuerung geeinigt
haben. Die Vereinigten Staaten und Deutschland müssen,
wie alle demokratischen Nationen, wachsam bleiben, um
demokratische Werte vor Bedrohungen zu schützen.
Deutschland setzt sich nach seiner starken und aktiven
Teilnahme am ersten und zweiten Demokratiegipfel noch
engagierter für diese wesentlichen Bestrebungen ein, einschließlich der Bekämpfung von Desinformation und
Korruption und des Schutzes der freien Meinungsäußerung und einer freien Presse sowie der Förderung von Inklusion und der Gewährleistung gleicher Chancen für alle
Bürgerinnen und Bürger.

Wir müssen unsere jungen Menschen mit der Fähigkeit zum kritischen Denken ausstatten, damit sie informierte, engagierte und verantwortungsvolle Teilnehmer
dieser Gesellschaft werden. Sie haben all die Ereignisse,
die uns erst trennten und dann zusammenführten, nicht
miterlebt: den Zweiten Weltkrieg und den Holocaust, den
historischen Marshallplan, den Bau und Fall der Berliner
Mauer, der Wiedervereinigung Deutschlands und den

Beitritt der osteuropäischen Staaten zur Europäischen Union und zur NATO. Für die führenden Politikerinnen und Politiker von morgen ist es von entscheidender Bedeutung, dass sie lernen, dass genau hier in Deutschland aus Diktatur, Krieg, Unterdrückung und Teilung ein neues Konzept der globalen Partnerschaft und des Weltbürgertums entstanden ist, basierend auf dem Bekenntnis zu gemeinsamen Werten, die unsere Demokratien stark und widerstandsfähig machen.

Auch im 21. Jahrhundert bleibt die Demokratie der Eckpfeiler für Frieden, Stabilität und Menschenrechte. Die Bedeutung von Freiheit und Gleichheit kann gar nicht überschätzt werden, denn sie bilden das Fundament, auf dem erfolgreiche Gesellschaften aufgebaut sind. Die Vereinigten Staaten und Deutschland haben bei der Förderung dieser Ideale eine Schlüsselrolle gespielt und es ist unsere Pflicht, weiterhin an der Seite der Ukraine und all jener zu stehen, die unsere demokratischen Werte teilen. Wenn wir in die Zukunft blicken, müssen wir aus der Vergangenheit lernen und uns für den Wiederaufbau der Ukraine einsetzen.

Indem sie sich für Demokratie einsetzen, stärken die USA und Deutschland die Grundprinzipien der UN-Charta, festigen unsere moralische Führungsrolle und fördern die Zusammenarbeit zwischen den Nationen. Diese besondere Tragweite unserer Beziehungen sollte uns Amerikaner und Deutsche gleichermaßen dazu inspirieren, zusammenzuarbeiten, um die demokratischen Werte zu verteidigen, wann und wo auch immer sie bedroht sind, und um die dringenden globalen Herausforderungen dieser Zeit anzugehen: vom Klimawandel über die Ernährungssicherheit bis hin zur Verteidigung der Menschenrechte. Denn wenn wir gemeinsam handeln, können wir alles erreichen. Wenn wir zusammenstehen, können wir die globalen Herausforderungen unserer Zeit meistern und eine Zukunft schaffen, die auf Freiheit, Demokratie und gemeinsamem Wohlstand für alle aufbaut.

Berufsdiplomat Norman Thatcher Scharpf ist seit dem 6. August 2021 Generalkonsul im US-Generalkonsulat Frankfurt verantwortlich für Hessen, Baden-Württemberg, Rheinland-Pfalz und das Saarland. Drei von Thatchers vier Großeltern waren die Enkelkinder von Deutschen, die in der zweiten Hälfte des 19. Jahrhunderts von Hessen und Baden-Württemberg in die USA auswanderten.

Stadtraum und Demokratie

Christoph Mäckler

Kann Stadtbaukunst Demokratie gestalten? Nein, aber sie kann den sozialen Zusammenhalt einer demokratischen Gesellschaft fördern, indem sie die stadträumlichen Voraussetzungen für ein menschenwürdiges Leben schafft. In der alten, europäischen Stadt finden sich diese Voraussetzungen. In der neuen Stadt nicht. Deshalb benötigt sie einen „Quartiersmanager". In den alten Quartieren der europäischen Stadt benötigt es keine „Quartiersmanager" zur sozialen Stabilisierung. Warum nicht? Weil es in der alten, europäischen Stadt grundsätzlich stadträumliche Voraussetzungen gibt, die ein soziales Miteinander befördern. Der neuen Stadt fehlen diese Voraussetzungen.

Der private Stadtraum: Hof und Garten versus „Wohnumfeld"

So ist die europäische Stadt im Gegensatz zu unseren Neubauquartieren über eine Blockstruktur prinzipiell in öffentliche und private Räume getrennt. Der heutige Städtebau kennt diese Unterscheidung nicht. Außer in der Planung von Einfamilienhausbebauungen und Gewerbegebieten finden sich in Deutschlands Städtebau keine privaten Stadträume, Höfe oder Gärten mehr. Damit fehlen der Stadt die Nischen, in denen sich soziales Leben entwickeln kann. Die Trennung der Stadt in öffentliche und private Räume stellt schon deshalb eine grundlegende Qualität im Städtebau dar, weil den Bewohnern damit zusätzlich zu ihren Wohnungen Freiflächen, Gärten und Höfe, auf dem Grundstück ihrer Mietshäuser zur Verfügung gestellt werden können, um die sie sich in Eigenverantwortung und im Austausch miteinander kümmern. Diese Verantwortung löst innerhalb einer Hausgemeinschaft eine hohe Identifikation mit dem eigenen „zu Hause" aus. Sie entwickelt aber auch gegenseitiges Vertrauen. In einer Zeit, in der beide Elternteile beruflich engagiert sind, ist der hauseigene Hof- oder Gartenraum für das Aufstellen einer Sandkiste beispielsweise bestens geeignet, weil er im geschlossenen Hof der Aufsicht der Hausgemeinschaft unterliegt. Die Kinder sind auch ohne das Beisein ihrer Eltern beaufsichtigt. Schon jedes Reihenhaus hat diese Sandkiste im Garten stehen. Warum, so fragt man sich, gewährt der heutige Städtebau dem Besitzer des Reihenhauses die private Freifläche, dem Bewohner des Miethauses aber nicht? 50 Prozent der Einwohner leben in Deutschland zur Miete! Trotzdem hat das heutige Mietshaus keine privaten Freiflächen, keine Höfe und Gärten, in denen Kinder ungestört spielen können. Vielmehr ist es von öffentlichen Freiflächen, dem sogenannten Wohnumfeld, umgeben.

Der Verantwortungsverlust, der sich für die Bewohner damit auftut, führt zum Verlust des sozialen Zusammenhalts, zur Anonymität und zum hilflosen Versuch, diesem Verlust mit staatlich geförderten Quartiersmanagern entgegenzuwirken. Die eigenverantwortliche Organisation von Hof und Garten dagegen, die nur durch die Trennung in öffentliche und private Stadträume ermöglicht wird, stärkt das soziale Miteinander und fördert demokratisches Verhalten in der täglichen Auseinandersetzung der Hausgemeinschaft.

Der öffentliche Stadtraum: Straße und Platz versus „Erschließungsfläche"

Eine jede Stadt funktioniert über ihre Straßen, mit denen die privaten Grundstücke erschlossen werden, aber erst mit der Einfassung durch die Straßenfassaden wird die Straße auch zum Straßenraum. Dieser Straßenraum muss, wie der Hofraum, als Wohnraum der Stadt verstanden werden. Straßen- und Platzräume bilden den sichtbaren Charakter einer Stadt und werden für jede Art von öffentlichem Zusammenkommen, Märkten, Festen und Demonstrationen genutzt. Es sind Räume, deren Schönheit von der Geschlossenheit der Straßen- und Platzfassaden ihrer Mietshäuser bestimmt werden.

Straßenräume und individuelle Fassaden

Die Mietshäuser der europäischen Stadt haben Standardgrundrisse. Aber jedes dieser Häuser hat im Unterschied zu heute individuelle Straßenfassaden. Jeder Hauseingang, jedes Haus hat seine eigene Fassade. Dies gibt jeder

Straße ihren eigenen Charakter und führt für die Mieter zur Identifikation mit „ihrem" Haus und „ihrem" Straßenraum.

Straßenräume und soziale Vielfalt

Die europäische Stadt hat Straßenräume mit Mietshäusern, die verschiedene Wohnungsgrößen haben und damit unterschiedlichen Einkommensgruppen Wohnraum bieten. Das fördert die soziale Vielfalt einer demokratischen Gesellschaft auf nur einer einzigen Parzelle und steht ganz im Gegensatz zu den anonymen Großbauten des geförderten Wohnungsbaus unserer Zeit.

Straßenräume und funktionale Mischung

Die europäische Stadt hat Gewerbehofhäuser, in denen auf mehreren Geschossen unterschiedliche Betriebe, vom Start-up bis zum Malerbetrieb, untergebracht sind. Dieser Haustyp stellt einen der beliebtesten Arbeitsplätze dar, weil er sich inmitten der Stadt befindet. Die Verdrängung der Arbeitsplätze in Gewerbegebiete lässt das Leben in der Stadt absterben.

Straßenräume und hohe Dichte

Eine der grundlegenden Voraussetzungen für das Funktionieren eines lebendigen Stadtviertels ist die Einwohnerdichte. Die dicht gebaute Stadt hat kurze Wege und führt zu Sozialkontakten, die in der flächenfressenden Weite unserer Neubaugebiete nicht vorhanden sind. Einwohnerdichte bedeutet nicht hohe Häuser entlang dunkler Straßen, sondern entsteht, wie die Stadtviertel des 19. Jahrhunderts zeigen, durch das Flügelhaus, das sich mit seinen Höfen in die Tiefe des Grundstücks entwickelt.

Straßenräume und Verkehrs-Trasse

Die „autogerechte Stadt" der 70er-Jahre hat mit ihren weißen Fahrspurmarkierungen und dreispurigem Ausbau die Stadt-Straße zur Verkehrs-Trasse für den Automobilverkehr degradiert. Hilflos versucht man dies mit roten Farbmarkierungen zu ändern. Städtebaulich aber bedarf es eines Rückbaus zur deutlich langsameren schönen Stadtstraße mit Gegenverkehr. Die Stadt Kopenhagen hat dies umgesetzt. Unser Farbfunktionalismus zerstört den lebenswerten öffentlichen Wohnraum der Stadt.

Straßenräume und öffentliche Gebäude

Grundsätzlich und leider in Vergessenheit geraten, wird mit der Präsenz öffentlicher Gebäude im Stadtraum die Identifikation mit der Stadt gefördert. So werden in Frankfurt am Main alle Straßenräume, die auf den Hauptbahnhof zuführen, eindrucksvoll von seinen Eckrisaliten und dem Hauptportal städtebaulich abgeschlossen. In der entgegengesetzten Richtung vom Bahnhof aus, erblickt der ankommende Reisende durch die Münchener Straße den Rathausturm Frankfurts. Als Symbol unserer parlamentarischen Demokratie darf das Rathaus fast 80 Jahre nach Kriegsende, in einer Zeit, in der die Demokratie weltweit in Frage gestellt wird, die Stadt Frankfurt am Main nicht als Ruine mit Notdach repräsentieren.

Prof. Christoph Mäckler, 1951 in Frankfurt am Main geboren, leitet dort seit 1981 das Büro MÄCKLER ARCHITEKTEN und war von 1998 bis 2018 Professor für Städtebau an der TU Dortmund. Christoph Mäckler gründete 2008 das Deutsche Institut für Stadtbaukunst und berät zahlreiche Städte.

Eine Neudefinition des Raums für eine demokratische Gesellschaft

Niklas Maak

Was ist eine Stadt? Auf diese Frage konnte man jahrtausendelang eine einfache Antwort finden: ein Ort, an dem viele Menschen zusammenkommen, um gemeinsam zu arbeiten, Waren und Informationen auszutauschen – und auch, um sich zu vergnügen. Doch die Digitalisierung verändert unsere Städte tiefgreifender, als es selbst die Industrialisierung tat. Warum kommt man in eine Stadt, wenn man dort nicht mehr arbeitet, weil die Fabriken zunehmend robotisiert sind und immer mehr Menschen von zu Hause aus im Homeoffice arbeiten; warum soll man in die Stadt fahren, wenn man dort nicht mehr in die Läden und die Kaufhäuser geht, weil der Online-Handel die Waren nach Hause bringt?

Online-Handel und Remote Work verändern die Stadt so grundlegend wie seit Beginn der Industrialisierung nicht mehr. Wie steht es um die Zukunft des öffentlichen Raums? Werden Städte zu Wohnghettos, ihre Zentren zu musealen Attraktionen, in denen Touristen eine untergegangene Form von urbaner Zivilisation besichtigen können? Ich glaube nicht, dass es so kommt – aber

man wird die Idee der Öffentlichkeit, der Gemeinschaftsorte neu definieren müssen, des Raums für eine demokratische Gesellschaft, der für alle Menschen offen steht und
an dem demokratische Willensbildung und die Idee des
sozialen Miteinanders buchstäblich stattfindet, also eine
„Stätte findet". Wie können die Gemeinschaftsorte der
Zukunft aussehen? Aus was werden sie gebaut sein? Die
gebaute Umwelt ist heute, weit vor dem Auto- und Flug-
verkehr, der größte Treiber des Klimawandels. Die Beton-
herstellung ist allein für sieben Prozent der globalen CO_2-
Emission verantwortlich, Bau und Betrieb von Gebäuden
verursachen 40 Prozent aller schädlichen Treibhausgase.
Aus ökologischen Gründen sollte eigentlich überhaupt
nicht mehr gebaut werden, aus sozialen Gründen muss
mehr gebaut werden als je zuvor. Aber wie?

An der Frankfurter Städelschule haben wir zusammen mit Studierenden der Frankfurt University of Applied Sciences und mit diversen Forschern den Prototyp
eines neuen Orts für die Stadt entworfen, der im Sommer
2024 im Hof des Senckenberg Museums zu besichtigen
sein wird: Der „Frankfurt Prototype" ist ein experimen-
telles Haus für bis zu 12 Bewohner mit einer kleinen
„Markthalle" im Erdgeschoss. Er zeigt, wie eine junge Generation sich angesichts drängender Probleme, in Zeiten
wachsender sozialer Ungleichheit und einem sich ver-
schärfenden Klimawandel, die Zukunft des Wohnens,
Arbeitens und Zusammenlebens in der Stadt vorstellt. Der

„Frankfurt Prototype" soll kein Einzelstück sein, sondern ein Modell dafür, wie man in Zukunft in sehr verschiedenen Kontexten ökologisch verträglicher und sozial bereichernder bauen kann. Die Planung dieses neuartigen Bauwerks begann mit einer simplen Frage: Kann man für den Preis eines einfachen Fertighauses, in dem normalerweise vier Menschen Platz finden, ein Haus bauen, das dreimal so viele Menschen beherbergen kann – und die Stadt noch dazu mit einem neuen sozialen Raum bereichert? Und muss man dieses Haus ausschließlich aus neuen Materialien bauen und es, wie es im Zuge der energetischen Ertüchtigungen üblich ist, mit ölbasierten Materialien dämmen – oder können auch hier ganz andere Materialien zum Einsatz kommen?

Das Haus ist ein soziales Experiment. Wir fragen: Was wäre, wenn man kleine Wohneinheiten nicht auf den Boden stellt, sondern so aufständert, dass darunter ein freier Raum entsteht, der als „kollektives Wohnzimmer" all derer, die oben drüber wohnen, genutzt werden kann, aber auch als ein kleines Theater oder als „Markthalle"?

Ein wesentliches Ziel des Prototypen ist es, herauszufinden, wie viel Platz der Mensch wirklich zum Wohnen braucht, wie viel Komfort und Privatsphäre. Die Wohnebene teilt sich auf in eine modular verschaltbare Assemblage aus etwa containergroßen Wohneinheiten aus Holz. Durch ihr flexibles Layout erlauben sie, entweder Raum für zahlreiche Singles, oder aber, wenn man die Einheiten verschaltet, neue Räume für Großfamilien, Alters-WGs und Freundeskreise oder andere Konstellationen wie mehrere Alleinerziehende mit ihren Kindern, die zusammenleben wollen, zu schaffen.

Ihr gegenüber befindet sich der „Turm" der Wohnebene, eine vertikale Struktur, in der sich Studierende mit ihren selbst entworfenen Mikrowohneinheiten einnisten wie in einem senkrechten Riff und in dem vor allem das Miteinander von Menschen, Flora und Fauna, eine grüne, Artenvielfalt schützende und fördernde Architektur erprobt wird. Wir möchten einen Bau errichten, in dem Grün nicht nur eine dekorative Funktion hat, sondern die Architektur in eine „Bio-Maschine" verwandelt.

Der Frankfurt Prototype ist ein Bauwerk, das zeigen soll, wie in Zukunft deutlich ressourcenschonender gebaut werden kann. Dabei geht es uns vor allem auch um die Frage, wie Materialien wiederverwendet werden können, die normalerweise im Bauprozess vernichtet werden. So wird die „Markthalle" aus gebrauchten Stahlträgern errichtet, die aus Abrissprojekten stammen. Für die Wohnkuben darüber wird Schalungsholz aufbereitet, das man beim Bau von Brücken verwendet.

Der Prototyp wird im Frühsommer 2024 eröffnet. Studierende werden in der „Markthalle" ein Programm mit Konzerten, Ausstellungen und Diskussionen über die Zukunft der Stadt und des Zusammenlebens organisieren. Sie soll aber auch zum Treffpunkt und Erlebnisraum für die Stadtgesellschaft werden, wo man sich gern auf einen Tee oder einen Wein trifft. In der oberen Ebene werden Künstlerinnen der Kabul Art School, die nach der Machtergreifung der Taliban fliehen mussten, ihre Büros einrichten und ebenfalls die Markthalle bespielen. Und: Was wäre etwa, wenn man dort Geflüchteten erlauben würde, kleine Stände oder Mini-Läden zu eröffnen? Der Effekt wäre enorm, es käme zu einer Schubumkehr des Narrativs: Der Geflüchtete ist niemand mehr hinter einem Zaun, der auf die Gastfreundschaft der Einheimischen angewiesen ist; er wäre selbst Gastgeber, der Probleme lösen kann, mit denen die Deutschen zu ihm kommen – Hunger, Mobiltelefon geht nicht, Schuhe kaputt. Solch eine Markthalle wäre ein neuer Begegnungsort, wie Markthallen traditionell Orte sind, an denen fast jeder sich gern aufhält.

Auch eine regelmäßige Nutzung der Halle als tatsächlicher Markt mit Bauern aus der Region und als Ort für die Diskussion zukünftiger Nahrungsmittelproduktion ist geplant. So wird sich Frankfurt auf einen neuen Ort freuen können, der, wenn es gelingt, dazu beitragen kann, herauszufinden, wie die Zukunft der Stadt als eines demokratischen Ortes für alle Menschen im Zeitalter der Digitalisierung aussehen könnte.

Dr. Niklas Maak ist Gastprofessor für Kunst und Architektur an der Frankfurter Städelschule. Seit 2001 leitet er das Kunst- und Architektur Resort der F.A.Z. Seit 2014 unter-  richtet er in Harvard Architektur. Zuletzt er- schienen von ihm der Roman Technophoria, der zurzeit verfilmt wird, und, zusammen mit der Künstlerin Leanne Shapton, das Buch „Eine Frau und ein Mann" (Hanser Verlag).

Demokratie und Finanzmarkt – möglichst gute Nachbarn

Jörg Franke

Es knirschte heftig im Gebälk, das die Finanzwelt zusammenhält. Ausgehend von den USA hatte die Finanzkrise am Ende des ersten Jahrzehntes dieses Jahrhunderts große Teile des Finanzmarkts erfasst. Geschickte Promoter hatten wenig durchsichtige Produkte, sogenannte CDOs, insbesondere in den USA und Europa erfolgreich vermarktet, weil diese eine höhere Rendite als andere Finanzprodukte versprachen. Der Traum platzte, und eine Reihe renommierter Kreditinstitute sahen plötzlich das, was sie nicht kannten: den finanziellen Abgrund vor sich.

Die Akteure des Finanzmarktes begannen, sich gegenseitig zu misstrauen. Das merkte alsbald auch der Mann und die Frau auf der Straße. Und dann geschah ein einmaliger Akt: Bundeskanzlerin Angela Merkel und Bundesfinanzminister Peer Steinbrück traten im Oktober 2008 vor die Fernsehkamera und verkündeten: „Wir sagen den Sparerinnen und Sparern, dass ihre Einlagen sicher sind."

Konnten sie das garantieren? Im Rechtssinne natürlich nicht! Aber sie sprachen so im wohlverstandenen Interesse – nein, nicht der Finanzwelt, sondern ihrer Welt, der Welt des demokratischen (Wohlfahrt-)Staates. Denn: „Erst verlieren die Menschen das Vertrauen in die Finanzwirtschaft – und dann in die Demokratie", weiß Gerhard Schick, einst Mitglied des Bundestages.

Also alles richtig gemacht? Als drei Jahre später die politische und ökonomische Empfindsamkeit u. a. im Hinblick auf das finanziell strauchelnde Griechenland ihren Höhepunkt erreichte und Bundeswirtschaftsminister Philipp Rösler forderte, Denkverbote zu vermeiden und über die Möglichkeit einer Staateninsolvenz nachzudenken, empörte sich das politische Berlin von Links bis Rechts. Politiker sollten bei ihren öffentlichen Äußerungen darauf achten, dass diese nicht zu unkontrollierten Reaktionen auf den Finanzmärkten führen, hieß es unisono.

Dies brachte den Wirtschaftsethiker Ulrich Thielemann auf die Palme. In einem Beitrag im Wirtschaftsdienst 2011 sah er „das Ende der Demokratie" gekommen. Denn Maßregelungen dieser Art hätten zu einer „Disziplinierung der Politik durch die Märkte" und damit zu ungeheurem „Verlust an politischer Souveränität" geführt.

Im Olymp der reinen Lehre! Diese Kritik lässt auch Merkels und Steinbrücks Auftritt im Zwielicht erscheinen. Man fühlt sich an den dem Papst Hadrian VI. im Jahre 1522 zugeschriebenen Satz erinnert: „Fiat iustitia, pereat mundus" (es muss Gerechtigkeit geschehen, möge die Welt auch untergehen) – ersetzt man „Gerechtigkeit" durch „Demokratie". Was wäre denn wohl geschehen, wenn die Staatsführung statt zu beruhigen Zweifel am Funktionieren des Finanzmarkts geäußert und es einen allgemeinen „Run" auf die Bankeinlagen gegeben hätte? Der Zusammenbruch der Danat-Bank 1931 und deren Folgen erst für die Wirtschaft, dann die Demokratie in Deutschland waren der Worte Pate.

Geht man das Thema Beziehung zwischen Demokratie und Finanzwelt unvoreingenommen an, muss man sich von der Krisensituation jener Zeit lösen.

Heutzutage gewinnt man beim Lesen mancher Artikel der Wirtschaftspresse den Eindruck, die Demokratie sei in den Finanzmarkt eingedrungen. Die „Demokratisierung von Investitionen" sei erreicht, behaupten Protagonisten. Was steckt dahinter?

Es ist der erleichterte Zugang zum Kapitalmarkt, der Euphorie hervorruft, durch dessen Verbilligung, Vereinfachung durch neue Technik und Erweiterung des Angebots durch Verkleinerung großer Anlageobjekte über sogenannte Tokens. Eine breitere Schicht der Bevölkerung könnte davon profitieren.

So nützlich diese Entwicklungen sein mögen – mit Demokratie haben sie so viel zu tun wie etwa die Erleichterung des Zugangs zu Museen durch die Einrichtung barrierefreier Aufgänge oder die Verbilligung des Zugangs zur Bahnfahrt durch die Einführung des 9-Euro-Tickets in der Pandemie: nämlich nichts.

Erkennen lassen sich in diesen Fällen eher soziale Komponenten. Aber „Sozialisierung der Geldanlage" klingt als Werbespot wenig sexy. Daher die Sache mit der (angeblichen) Demokratisierung. Demokratie im Kapitalmarkt – ein Marketing-Gag, nicht mehr!

Tatsächlich stehen sich beide eher als Nachbarn in den staatlichen Gefilden gegenüber, haben aber als solche Berührungsbedarf. Der Kapitalmarkt sorgt für die reibungslose Finanzierung des (demokratischen) Staats; dieser schafft angemessene rechtliche Rahmenbedingungen für einen „fair and ordinary market". Daraus ergeben sich Verknüpfungen, die häufig misstrauisch beäugt werden.

Im Visier steht dabei besonders die Tätigkeit der Lobbyisten. So beklagen beispielsweise in einer Konferenz in Darmstadt im Juni 2016, bei der es um das Spannungsfeld zwischen Demokratie und Kapitalismus ging, die (u. a.) Politikwissenschaftlerin Doris Fuchs und der Politikökonom Andreas Nölke, dass sich durch jene die politische Macht immer weiter in Richtung Finanzmarktakteure verschiebe und das „Marktvolk" gegenüber dem „Staatsvolk" gestärkt werde.

In der Tat: Neben eher neutralen Beratern, wie Sachverständigenbeiräte und Forschungseinrichtungen, spielen eben auch Lobbygruppen, wie Verbände, NGOs und große Unternehmen, eine – mitunter nicht unwesentliche – Rolle in der demokratischen Szene.

Eine Demokratie muss die damit verbundenen Einflussnahmen aber nicht nur aushalten können, sie fordert sie häufig ein. Fachwissen ist gefragt, das den Repräsentanten der Demokratie vielfach zu vermitteln ist. Diese müssen allerdings in der Lage sein, ein mögliches Eigeninteresse mancher Experten von Sachzwängen zu unterscheiden. Das kann die Demokratie mit ihren Diversifizierungen viel besser als autokratisch geführte Staaten. Dies alles gilt indes für jeden relevanten Bereich unserer Gesellschaft. Experten für Kultur, Umwelt, soziale Belange, Sport usw. beeinflussen in unterschiedlichem Format die Politik – das ist akzeptierte demokratische Tradition.

In den Augen nicht weniger ist aber Lobbygruppe nicht gleich Lobbygruppe: So werden die, die sich etwa für den Umweltschutz einsetzen, in der Öffentlichkeit häufig anders beurteilt als die, die für die Belange des Finanzmarkts stehen. Die einen können die moralische Keule schwingen, die anderen werden verdächtigt, Marktmacht zu missbrauchen.

Mehr Aufklärung, mehr Bildung würde zu einem besseren Verständnis in der Bevölkerung, aber auch zu mehr Vertrauen und damit zu einer effektiveren Zusammenarbeit zwischen den Repräsentanten der Demokratie und denen des Finanzmarkts führen. „Sich gegenseitig helfen, schadet niemandem" – diesen Satz bezog der im Herbst vergangenen Jahres verstorbene Frankfurter „rote Kapitalist" Claus Wisser nicht nur auf sein privates Umfeld – eben!

Prof. Dr. Jörg Franke ist Volljurist und hat über das Wesen der Menschen- und Grundrechte in der Paulskirchenverfassung 1848/49 promoviert. Er ist seit 2006 Vorsitzender bzw. Stellv.

Vorsitzender der Tradegate AG Wertpapier-handelsbank, Berlin, und der Berliner Effek-tengesellschaft AG. Ehrenamtlich ist er Vor-sitzender des Börsenrats der Börse Berlin und Ehrenvorsitzender des Vorstands des Bundes-verbandes der Wertpapierfirmen e. V.

Hoffnung für die plurale Gesellschaft

Nargess Eskandari-Grünberg

Jedes Mal, wenn der Begriff Mehrheitsgesellschaft fällt, möchte ich kurz Einspruch rufen. In Deutschland, wie in überhaupt den meisten Staaten Europas, ist es mittlerweile in Wirklichkeit so wie in Frankfurt: Weit über die Hälfte der Menschen haben eine internationale Biografie. Es gibt keine Homogenität mehr nach Jahrhunderten der Flucht und Vertreibung, der Globalisierung, der Grenzverschiebungen, der sogenannten Gastarbeiterschaften und Migrationsbewegungen. Die zahlreichen soziostrukturellen Veränderungen sind unhintergehbar. Sie haben eine neue Realität geschaffen, die einem ureigenen Anspruch der Demokratie eine neue Kraft verleiht: die Teilhabe aller zu ermöglichen. Das wird nicht nur von den Mitgliedern bislang marginalisierter Gruppen gefordert, es entspricht auch dem demokratischen Ideal. Ein Gegenbild zur Diktatur. Dort zählt nur, wer den Autokraten das Wort redet. In Demokratien geht es um die Stimme eines jeden Einzelnen. Aus ihnen wird ein vielstimmiger Chor mit je eigenen Geschichten voll von Unterschiedlichkeit und Individualität. Ein einziges Babylon. Eine Heimat. Erst recht für jene, die wie ich aus Diktaturen geflohen sind. Welch ein Glück wir haben in einer Demokratie Unterschlupf gefunden zu haben, aus dem Haus gehen zu können, ohne darüber nachzudenken, welche Kleider wir tragen, was wir sagen oder welche Musik wir hören, welche Bücher wir lesen. Es ist eine Errungenschaft. Umso sorgenvoller blicken wir, die diese Errungenschaft nicht durch Geburt erhalten haben, sondern sie über leidvolle Umwege erlangen mussten, auf jene Teile der demokratischen Gesellschaft, die deren Pluralität als Gefährdung ansehen.

Es lässt sich nicht verleugnen, dass Jahre der rechten und verschwörungsideologischen Agitation ihre Spuren hinterlassen haben. Nicht nur an den Rändern, sondern auch mitten im Bürgertum. Folgt man der jüngsten Mitte-Studie dazu, sehen wir einen tiefgreifenden Wandel. Gegenüber dem Jahr 2021 haben sich nationalchauvinistische Einstellungen nahezu verdoppelt auf 16,6 Prozent. Acht Prozent der Menschen in Deutschland haben ein manifest rechtsextremes Weltbild. Es droht etwas zu zerbrechen.

Gleichzeitig erschüttert seit dem 7. Oktober 2023 eine Welle antisemitischer Kundgebungen und Übergriffe das Land. Als israelische Zivilistinnen und Zivilisten ermordet wurden, brach sich Judenhass auf unseren Straßen Bahn.

Dieses bedenkliche Gesamtbild war keineswegs ausgemacht. Noch vor Kurzem sprachen Wissenschaftlerinnen wie Naika Foroutan von einer „postmigrantischen Gesellschaft". Gemeint ist damit eine Gesellschaft, in der die Realität der Einwanderung weitgehend akzeptiert ist. Heute scheint es in der Bundespolitik vorrangig darum zu gehen, ob sich Migration abwehren lässt.

Dabei ist klar: Die Probleme der Gesellschaft – seien sie wirtschaftlich, sozial oder ökologisch – lassen sich nicht mit restriktiveren Migrationsgesetzen oder Angriffen auf die plurale Demokratie lösen. Niemandes Lebensqualität wird durch die Erleichterung von Abschiebungen oder härtere Grenzkontrollen verbessert. Deswegen sollte man sich von der Illusion verabschieden, dass die Rechten durch derlei Konzessionen an sie geschwächt werden. Im Gegenteil: Wer rechte Rhetorik bedient, legitimiert damit ihre Positionen. Der Krise ließe sich anders begegnen. Hass, Rassismus und Antisemitismus müssen wir uns stets entgegenstellen. Und wir sollten die positiven Aspekte unseres Zusammenlebens zur Politik erheben. Ich denke, dass eine pragmatische Grundlage dafür die Menschenrechte sein können. Die Menschenrechte sind den meisten unmittelbar evident. Man versteht ihre Artikel, ohne rechtswissenschaftliche Abhandlungen darüber lesen zu müssen. Schon Kinder erkennen ihren universellen Charakter. Menschenrechte beschreiben zudem keinen Status quo, sondern einen Anspruch. Sie zur Grundlage des gesellschaftlichen Zusammenhalts zu machen, kann nicht bedeuten, sie einmal zu verkünden und damit zufrieden zu sein. Man muss sie immer wieder einklagen, im Handeln und auch der politischen Kommunikation. Dieses hehre Ideal lässt sich konkretisieren in allen Ebenen politischen, administrativen und zivilgesellschaftlichen Handelns. Indem strukturelle Diskriminierungen abgebaut, indem Teilhabe und Empowerment gefördert werden und indem die Lebens- und Liebenswürdigkeit der pluralen Gesellschaft immer wieder hervorgehoben wird. Die plurale Gesellschaft steckt nur solange in der Krise, solange die Menschen nicht daran glauben. Sie müssen sie anerkennen und gestalten.

Wenn über Fluchtbewegungen nach Europa gesprochen wird, dann zumeist in einem Diskurs über Nützlichkeit, Ressourcen und Verteilung. Viel zu selten geht es dabei um den Reichtum, der jeder Menschenseele innewohnt und um die fehlende Anerkennung an jene, die dieses Land nach dem Krieg wieder mit aufgebaut haben, die sogenannten Gastarbeiter zum Beispiel. Auch geht es nicht um die Menschenrechte der Flüchtenden. Rechte, die von der Europäischen Union anerkannt wurden, die in Reaktion auf die Shoa und die massenhafte Entrechtung und Entmenschlichung entstanden sind. Für diese Rechte einzustehen ist keine Bürde oder ein Problem, das geschickt umgangen werden sollte, sondern ein Ideal, das für eine lebenswerte, offene Gesellschaft steht.

Eine Gesellschaft, in der die einzelnen zählen und in der niemand zurückgelassen wird. Eine Gesellschaft, in der Chancengerechtigkeit nicht nur auf dem Papier steht, sondern Realität ist und keine gläsernen Decken den Aufstieg nach ganz oben verhindern. An dieser Welt zu bauen, braucht Zeit und einen langen Atem. Und es braucht die Hände von vielen Menschen. Die aber haben wir. Und die Hoffnung, dass es immer besser werden wird, haben wir auch. Die diverse Demokratie, die die Teilhabe aller ermöglicht, ist nach dem Klimawandel die zweite Kernaufgabe für die Zukunft. Sie ist ein Dauerauftrag. Nur, wie und mit wem fängt man da an? Vielleicht müssten wir zunächst einmal den Diskurs drehen: Wenn 16,6 Prozent der Bürgerinnen und Bürger nationalchauvinistisch sind, dann ist das eine Minderheit. Eine Mehrheitsgesellschaft, die zusammensteht, strahlt für mich die Hoffnung auf eine wahre, plurale Demokratie aus. Diese Mehrheitsgesellschaft macht für mich dieses Land zu meiner Heimat, macht Frankfurt zu meiner Heimat. Eine Stadt, in der ich frei leben und atmen kann. Und die mir immer wieder die Chance gibt, Einspruch zu erheben.

Dr. Nargess Eskandari-Grünberg wurde 1965 in Teheran geboren. Seit September 2021 ist sie Bürgermeisterin der Stadt Frankfurt am Main sowie Dezernentin für Diversität, Antidiskriminierung und gesellschaftlichen Zusammenhalt. Eskandari-Grünberg wurde wegen ihrer Opposition gegen das Mullah-Regime im Iran politisch verfolgt. 1985 floh sie mit ihrer zweijährigen Tochter nach Frankfurt.

Gefährdungen der Pressefreiheit sind Gefährdungen unserer Demokratie

Jasmin Schülke

Grundgesetz, Artikel 5

(1) Jeder hat das Recht, seine Meinung in Wort, Schrift und Bild frei zu äußern und zu verbreiten und sich aus allgemein zugänglichen Quellen ungehindert zu unterrichten. Die Pressefreiheit und die Freiheit der Berichterstattung durch Rundfunk und Film werden gewährleistet. Eine Zensur findet nicht statt.

Die Pressefreiheit ist in der Bundesrepublik Deutschland ein hohes Gut. Bereits die Paulskirchenverfassung von 1849 sah den verfassungsrechtlichen Schutz von Meinungs- und Pressefreiheit in Paragraf 143 vor. Die Frankfurter Paulskirche ist demnach nicht nur die Wiege der Demokratie, sondern auch die Wiege der deutschen Pressefreiheit. Letztlich wurde die Paulskirchenverfassung nicht wirksam, die Ideale allerdings wirkten nach: 1854 entstand das erste Bundesgesetz, in dem die Pressefreiheit mit Einschränkungen festgeschrieben wurde, 24 Jahre später wurde sie dann wieder eingeschränkt. Und so ging es weiter. Ein Zeitsprung: Nach dem Zweiten Weltkrieg wurde die Pressefreiheit im Grundgesetz als Grundlage des demokratischen Gemeinwesens verankert. Nie mehr durfte sich wiederholen, was in der NS-Diktatur geschah: die Gleichschaltung und Unterdrückung von Rundfunk und Presse. Vielmehr sollen die Vertreterinnen und Vertreter der freien Presse eine Kontrollfunktion ausüben, was in Paragraf 3, Landespressegesetze festgeschrieben wurde: „Die Presse erfüllt eine öffentliche Aufgabe, wenn sie in Angelegenheiten von öffentlichem Interesse Nachrichten beschafft und verbreitet, Stellung nimmt, Kritik übt oder auf andere Weise an der Meinungsbildung mitwirkt." Die Freiheit von Presse und Berichterstattung ist somit eine Voraussetzung in einer funktionierenden Demokratie. Ihre Vertreterinnen und Vertreter decken Schwachstellen auf, hinterfragen, prüfen und bereiten dies für ihre Leser/Hörer/Seher auf. Aufgrund der besonderen Auskunftsrechte, die Pressevertreterinnen und -vertreter etwa gegenüber Behörden haben, werden Medien in Deutschland auch als „Vierte Gewalt" bezeichnet, neben den drei Staatsgewalten Legislative, Exekutive und Judikative. Soweit zur Theorie.

Doch wie ist es aktuell um die Pressefreiheit in Deutschland bestellt? Journalistinnen und Journalisten sehen sich in ihrer täglichen Arbeit vermehrt Diffamierungen und Bedrohungen aus allen Teilen der Gesellschaft ausgesetzt. Im Ranking für Pressefreiheit der Organisation „Reporter ohne Grenzen" ist Deutschland 2023 deshalb auf Platz 23 abgerutscht (2022: Platz 16). Grund dafür sind u. a. Angriffe auf Medienschaffende bei Demonstrationen. Zwar sind diejenigen, die eine gut recherchierte und seriöse Berichterstattung schätzen und sich aus Qualitätsmedien informieren, in der Mehrheit. Aber wie lange noch? Die Zahl der Menschen, die sich vermehrt in ihre Echokammern zurückziehen, wächst. Der Respekt vor Journalistinnen und Journalisten geht dagegen zurück. „Lügenpresse" oder „Käseblätter" – mit solchen herabsetzenden Ausdrücken werden Medienschaffende tagtäglich konfrontiert, nicht erst seit den Demonstrationen der Coronaleugner. Es ist nicht nur der Versuch einer Demontage des Berufsstands, es ist der Versuch, unsere Demokratie zu demontieren!

Auch wirtschaftlich steht der Journalismus seit vielen Jahren unter Druck. Sinkende Auflagenzahlen und Anzeigenerlöse auf der einen und steigende Kosten wie etwa durch hohe Papierpreise auf der anderen Seite machen den Verlagen zu schaffen, die Arbeitsbelastung in den Redaktionen ist immens gestiegen und der digitale Wandel in vollem Gange. Als Heilsbringerin erscheint hier die Künstliche Intelligenz (KI), die bereits in vielen Verlagen das journalistische Arbeiten unterstützt, in einigen Bereichen sogar vollständig übernimmt. Bisher fehlen Studien, wie sich die KI auf die Redaktionsarbeit und vor allem auf die Berufsethik auswirkt. Zudem halten mit der Künstlichen Intelligenz neue Formen der Manipulation Einzug, sogenannte Deepfakes, die immer schwerer zu enttarnen sind. Die Folge: Die Zahl der Desinformationskampagnen und Verleumdungen nimmt zu – manipulierte Medieninhalte können vermehrt auch von technisch versierten Laien erstellt und verbreitet werden.

Auch das Berufsbild des Journalisten wandelt sich. Durch den gestiegenen Arbeitsdruck und schlechtere Arbeitsbedingungen zieht es immer weniger junge gut ausgebildete Menschen in den Journalismus. Während früher die journalistischen Kernaufgaben aus dem Recherchieren, Schreiben und Redigieren bestanden, kommen heute noch weitere durch den Wegfall von Arbeitsplätzen und neuen digitalen Formaten hinzu: Viele Journalisten verlassen daher kaum mehr ihre Redaktionen, um Termine wahrzunehmen. Sie haben schlicht und einfach keine Zeit dafür. Stattdessen kümmern sie sich um den Newsletterversand, schneiden Fotos zu, schreiben Pressemitteilungen um, und machen Social-Media-Posts. Was aber passiert mit der Berichterstattung, wenn immer weniger Medienschaffende sich ein Bild mit den eigenen Augen machen? Viele entscheiden sich für eine andere Laufbahn nach ihrem Studium, vor allem vor dem Hintergrund, dass viele Verlage keine Tarifgehälter zahlen. In der PR-Branche etwa winken andere Verdienstmöglichkeiten.

Der Medienwissenschaftler Stephan Russ-Mohl sieht außerdem eine weitere Gefahr für das berufliche Selbstverständnis, die er im Tagesspiegel vom 28. November 2023 formuliert hat: „Weil (...) Geld für angemessene Honorare vielfach fehlt, droht der Journalismus von Aktivisten gekapert zu werden, die sich in die Redaktionen einschleichen und sich dort als ‚Haltungsjournalisten‘ festsetzen. Sie verwechseln Journalismus mit PR für ihre angeblich ‚gute Sache‘, seien das die Rettung des Klimas, eine Migrationspolitik der offenen Grenzen oder Terroristen, die für Putin oder für die Hamas morden. Solche Propagandisten mit der Tarnkappe von Journalisten bevormunden ihr Publikum."

Distanz zum Gegenstand der Berichterstattung wahren, nicht gemein machen, auch nicht mit einer guten Sache – diese Ratschläge, die einst Hanns J. Friedrichs als junger Journalist von einem Kollegen bekommen haben soll und die dann zu seinem Credo wurden, sind unbedingt zu verteidigen. Der seriöse Journalismus, der den oben angeführten Gefahren ausgesetzt wird, hat dauerhaft nur eine Chance, wenn seine Vertreterinnen und Vertreter objektiv berichten und nicht belehren. Die alte Regel, Trennung von Nachricht und Meinung, muss im Arbeitsalltag beachtet werden, sonst sägt sich der Journalismus den Ast ab, auf dem er sitzt. Wir brauchen kluge unabhängige Berichterstatterinnen und Berichterstatter mehr denn je, sie sind die Mit-Verteidiger unserer demokratischen Grundwerte.

Jasmin Schülke M.A., geboren 1973 in Frankfurt am Main, hat Publizistik und Kunstgeschichte an der Johannes Gutenberg-Universität Mainz studiert. In ihrer Magisterarbeit hat sie den Prozess der Medialisierung am Beispiel der Kasseler documenta untersucht. Seit 2021 ist Jasmin Schülke Chefredakteurin des JOURNAL FRANKFURT.

Wogegen leistet ein (literarischer) Verlag Widerstand?

Joachim Unseld

Literatur bietet Vielfalt, in ihr erscheint eine unendliche Zahl an unterschiedlichen sozialen Gegenwarten. Die nur auf den ersten Blick erstaunliche Zahl von 70.000 jährlich neu in Deutschland erscheinenden Büchern legt davon ein beredtes Zeugnis ab. In einer solchen Vielfalt spiegelt sich das demokratische, verschiedene Kulturen einschließende Verständnis der Gesellschaft. Und in der Definition einer anspruchsvollen literarischen Belletristik entspricht die Literatur, die auch gerade durch Übersetzungen aus anderen Sprachen eine solche gesellschaftliche Vielfalt abbildet, nicht den Erwartungen des Marktes. Ein literarischer Verlag leistet diesen Widerstand. Sosehr gegenständlich betrachtet die Ware Buch im normalen Marktgeschehen bestehen muss, also den Urheber ernähren, Produktion finanzieren und den Vertrieb in den Handel möglich machen muss, damit das Buch zum Leser findet, so wenig orientiert sich die Literatur in der genannten Definition am Marktgeschehen. Es gilt das nicht utilitaristische, nicht populistische Konzept „Literatur als Kunst".

Inhaltlich sucht Literatur die Abbildung von Wirklichkeiten, und die Bücher, die den Inhalt transportieren, bieten Orientierung für unsere geistige Architektur. In der Beschreibung des Gegenwärtigen (und hier auch einbezogen die Beschreibung ihrer Missstände, der ständigen Herausforderungen, ihrer täglichen Zumutungen) beginnt in der Literatur die Suche nach dem Neuen, dem Anderen, es geschehen Ausbrüche, Fluchtpunkte werden skizziert, eine für die Zukunft des Menschen produktive Neugier entsteht. Neugier für etwas anderes als wir selbst es im gegenwärtigen Moment noch sind, Neugier nach dem, was unsere Welt kreativ voranbringt, das unsere condition humana verbessert. Hier verfolgen literarische Verlage ihr wichtiges gesellschaftliches Engagement. Beginnend mit der bahnbrechenden Erfindung des Buchdrucks, die das Schlüsselelement einer weltumfassenden gesellschaftlichen Bildungsrevolution darstellt, sind Bücher das Medium, frei und ohne Zwang Optionen auszuüben, autonom Entscheidungen zu treffen, intellektuelle Debatten zu initiieren, die die persönliche Freiheit innerhalb einer Gemeinschaft beschreiben und zu sichern vermögen.

Sich in solcher Freiheit – ohne Denkverbote und Zensur – auf Neues einzulassen, hat spätestens seit der Aufklärung Sinn für unser Verständnis von Demokratie. Nicht im Bestehenden steckenbleiben, sondern den Erfahrungshorizont ständig auf den Prüfstand stellen und weiterentwickeln, ist die Aufgabe. Den Zugang zu Ande-

ren, zu dem Anderen – auch dem Fremden – suchen. Somit Ambiguitätstoleranz fördern. Eine Zensur existiert
nicht in unserem Verständnis von Demokratie. Wir können aus unserer Sicht heute alles sagen und schreiben.
Aber es gibt sie natürlich, die Vielzahl von Ländern, in denen Verlage aus machtpolitischen Gründen überwacht,
Autoren verfolgt und Bücher verboten werden. In denen
die Voraussetzung der durch demokratischen Rückhalt
abgesicherten freien Meinungsäußerung fehlt. Und es hat
Gründe, dass Bücher verboten werden. In Büchern findet
auf vielfältige Weise Widerstand statt, Widerstand gegen
oktroyierte undemokratische gesellschaftliche Verhältnisse, die die persönliche Freiheit der Menschen ein-
schränken, die unveräußerliche Menschenrechte erodieren lassen und schließlich Demokratie durch Autokratie
ersetzen. Dies kann durch einen politischen Umsturz
plötzlich geschehen, und es geschieht vielerorts. Denn wir
leben aktuell in einer für die Demokratie gefährlichen
Zeit, über die Salman Rushdie in seiner Rede zur Verleihung des Friedenspreis des Deutschen Buchhandels 2023
sagte: „Wir leben in einer Zeit, von der ich nicht geglaubt
habe, sie erleben zu müssen, eine Zeit, in der die Freiheit
– insbesondere die Meinungsfreiheit, ohne die es die Welt
der Bücher nicht gäbe – auf allen Seiten von reaktionären,
autoritären, demagogischen, halbgebildeten, narziss-
tischen und achtlosen Stimmen angegriffen wird, eine
Zeit, in der sich Bildungseinrichtungen und Bibliotheken
Zensur und Feindseligkeit ausgesetzt sehen, in der extre-

mistische Religionen und bigotte Ideologien beginnen, in Lebensbereiche einzudringen, in denen sie nichts zu suchen haben."

Ein solcher Umbruch kann aber auch schleichend geschehen, im Nachlassen unseres Willens und unserer Aufmerksamkeit, die Demokratie zu bewahren. Und zwar im allmählichen Verschwinden unserer Kompetenz, reaktionäre und machtpolitische Einflüsse zu erfassen und zu analysieren. Und dadurch die richtigen, die Demokratie erhaltenden Schlüsse zu ziehen. Die Literatur und das Lesen von Literatur sind fester Bestandteil unseres Lebens. Aber sind das Lesen und das Schreiben als älteste Kulturtechnik im Zeitalter von Digitalem und Künstlicher Intelligenz für uns noch von Bedeutung? Wissen wir eigentlich, welch große Bedeutung richtiges Lesen, ich betone richtiges, für uns hat. Welche Auswirkungen Lesen auf unsere Kultur hat, welche Konsequenzen für ein aufgeklärtes und mündiges Miteinander, ja am Ende sogar für die Demokratie überhaupt? Ich gebe zu, ich bin besorgt über ein Nachlassen unserer Lesekompetenz, besorgt darum, dass durch dieses Nachlassen fahrlässig gefährliche Inhalte in unser Leben eindringen, in dem sie nichts zu suchen haben.

Es besteht bei uns seit 2012 eine Vollversorgung mit digitalen Geräten. Bereits unsere Grundschüler sind, nennen wir sie digital natives, Digitalspezialisten, bevor sie lesen lernen. Und verlieren inzwischen durch Studien nachgewiesen (u.a. „Karolinska Institut", „Stavanger",

„Ljubljana-Manifest") zusehends ihre Lesekompetenz, und damit jene so wichtige kritische Widerstandsfähigkeit gegen die zunehmende Einflussnahme von außen, gegen die Allgegenwart des Internets mit einer nie dagewesenen Informationsflut. Sie verlieren zusehends die Fähigkeit, wahr von falsch zu unterscheiden. Eine Entwicklung, die, inzwischen neurologisch nachgewiesen (u. a. Maryanne Wolf), Folgen für die plastische Entwicklung des lesenden Hirns hat. Es gibt bereits jetzt nicht mehr die früheren hirnphysiologischen Voraussetzungen zum Verständnis langer und mühsam zu rezipierender Texte. Kinder, die zu spät mit Sprache und Texten in Berührung kommen, sind deutlich benachteiligt. Ein seit Jahren immer weiter fortschreitendes Nachlassen der Lesemotivation und ein Schrumpfen der Lesepraxis führt gerade bei Kindern und Jugendlichen zur Routine des flüchtigen Lesens (oder soll ich sagen: des flüchtigen Verstehens). Es fehlt hier an der Bereitschaft zur Anstrengung. Und so wird man am Ende dieser fehlenden Leseerziehung hilfloses Opfer einer ungebremsten Welle populistischer Vereinfachung, schließlich der absurdesten und manipulativsten Fake News.

Es geht um unsere Fähigkeiten, Wirklichkeit zu erkennen und zu beurteilen. Um die Erziehung der Gefühle, unser Einfühlungsvermögen in auch widersprüchliche menschliche Beweggründe. Und fremde Kulturen. Wir bleiben Demokraten, weil wir in der Lage sind, die Welt zu verstehen, Ambiguitäten gutzuheißen oder zumindest zu tolerieren, die existierende Vielfalt zu begrüßen, Engstirnigkeit zu bekämpfen und Widerstandskraft zu schöpfen für die langsamen, manchmal frustrierenden Prozeduren, die unsere Menschenrechte schützen. Wir brauchen den informierten, resilienten, lesekompetenten Bürger, der in der Lage ist, zwischen validen oder invaliden Inhalten zu unterscheiden. Um es mit den Worten eines der großen Schriftsteller zu sagen, dem berühmten Mario Vargas Llosa: „Ich bin fest davon überzeugt, dass ein Land, in dem man viel liest, eine stärker verankerte Demokratie besitzt, als Länder, in denen Romane geringgeschätzt werden."

Dr. Joachim Unseld, 1953 in Frankfurt geboren, ist seit 30 Jahren Verleger der Frankfurter Verlagsanstalt, der Übersetzer von Jean-Philippe Toussaint und Vorsitzender des Vorstands des Literaturhaus Frankfurt und der Stiftung Buchkunst.

Demokratie braucht Bildung

Elmar Fulda

Warum muss ich das lernen? Eine typische Schüler-
frage, die Eltern schon mal in Erklärungsnot
bringt. Weil es wichtig ist, weil wir es auch gelernt haben,
sind dann übliche Beschwichtigungsversuche, um die
Auseinandersetzung mit dem Nachwuchs zu beenden, indem wir das Recht auf Bildung als eine Pflicht zum Erledi-
gen der nervigen Hausaufgaben umdefinieren. Gilt das
auch für Demokratie? Ist sie ein Bildungsthema, müssen
wir Demokratie lernen?

Dass alle Kinder gleichermaßen in eine meist öffentliche Schule gehen, ist eine Entwicklung seit den Zeiten
der europäischen Aufklärung. Vorher war Bildung gesellschaftliches Distinktionsmerkmal und oft allein adeliges
oder kirchliches Privileg. Eine allgemeine Schulpflicht
schrieb erst die Weimarer Verfassung von 1919 fest. Heute
ist das Recht auf Bildung ein Menschenrecht gemäß Artikel 26 der Allgemeinen Erklärung der Menschenrechte der
Vereinten Nationen und auch in der Kinderrechtskonven-
tion verankert. Das Grundgesetz versteht Bildung in Artikel 2 umfassender als Recht auf eine freie Entfaltung der
Persönlichkeit in allen Lebensaltern. Es stellt das Schul-

wesen unter staatliche Aufsicht und macht Bildung damit zu einer seiner zentralen Aufgaben.

Zu Recht. Denn Bildung ermöglicht die Entfaltung der individuellen Persönlichkeit und gesellschaftliche Teilhabe. Bildung fördert die Fähigkeit des Einzelnen, die Welt zu erkennen, Zusammenhänge zu analysieren, zu beschreiben und eine eigene Meinung zu entwickeln. Bildung ist so verstanden Voraussetzung für eine funktionierende Demokratie. Oder anders herum formuliert: Halbwissen ist der Nährboden für Populismus. Nichtwissen oder auch Nicht-wissen-wollen macht die Menschen anfällig für Verschwörungstheorien, selbsternannte Querdenker, Ideologen, Hassprediger.

Demokratie setzt den wissenden und in diesem Sinn mündigen Bürger voraus. Demokratie beschreibt im griechischen Wortstamm nicht nur eine Staatsform, sondern die Qualität politischer Verständigung in einem Gemeinwesen. Es ist die Gemeinschaft, die mehrheitlich eine Entscheidung trifft, sei es in den großen Leitlinien der gesellschaftlichen Entwicklung oder im Alltag. Und dabei ist es von Vorteil, ja eigentlich Voraussetzung, dass die Stimmberechtigten etwas vom verhandelten Gegenstand verstehen, zumindest grob informiert sind, auch wenn das Grundgesetz Wahlentscheidungen als allgemein, unmittelbar, frei, gleich und geheim definiert, ein Kriterium der Sachkunde jedoch nicht kennt.

Zugespitzt formuliert: Für die Ausübung des Stimmrechts wird kein Eignungstest verlangt.

Das Grundgesetz gibt dem einzelnen Menschen damit einen gehörigen Vertrauensvorschuss. Es stellt sich, als Konsequenz aus den unseligen Erfahrungen aus dem Nationalsozialismus, gegen jede Klassifizierung von Personen, spricht von der Würde jedes einzelnen Menschen, ganz unabhängig von Herkunft und Fähigkeit, Kenntnis oder Erfahrung. Zu Recht, denn mit jeder anderen Vorgehensweise wären wir schnell bei einer Herrschaft der Besseren oder Besten. Auch eine solche gab es schon, genannt Aristokratie.

Wir wollen etwas anderes: Wir wollen, dass jeder Mensch, der Teil unserer Gemeinschaft ist, das Recht hat mitzureden und mitzuentscheiden und seine Perspektive und Haltung einzubringen, wie immer fundiert, reflektiert, spontan oder emotional diese ist.

Es ist ein Recht, das wir wahrnehmen können, keine Pflicht. Unser Gemeinwesen baut auf Freiwilligkeit und inneren Antrieb des Einzelnen auf, nicht auf die Verpflichtung, sich entscheiden zu müssen. Eben auf Freiheit, verstanden in einem sehr umfassenden Sinn. Auch der Freiheit, dass es einem egal ist. Mit der Konsequenz, dass man die ohne die eigene Mitwirkung gefällten Entscheidungen akzeptieren muss.

So gesehen sind demokratische Entscheidungen ein aktives Wahlrecht, das man bewusst und initiativ wahrnimmt. Oder eben nicht.

Freiheit der Presse und Berichterstattung, Freiheit von Kunst und Wissenschaft, Forschung und Lehre, ein weiteres Grundrecht, eröffnen jedem die Möglichkeit, sich unabhängig und selbstständig eine Meinung zu bilden. Was für den Fußball gilt, trifft auch hier zu: Man versteht mehr, wenn man mehr weiß. Demokratie funktioniert auch ohne (Meinungs-)Bildung, so stabil ist das System. Aber mit Bildung läuft Demokratie besser.

Was müssen unsere Kinder lernen? Lesen, Schreiben, Rechnen. Das ist unstrittig. Jenseits dieser grundsätzlichen Kulturtechniken, zu denen ich auch das kreative Gestalten in seinen unterschiedlichen Kunstformen wie Malen, Musizieren, Bewegen rechne, wird es schon kontroverser. Welche Bücher werden gelesen, Sexualkunde ja oder nein, am Menschen oder an den Bienen erklärt, Morgengebet oder überkonfessionelle Meditation – das waren die Aufreger im Bayern meiner Kindheit. Über das Politische wurden wir informiert, erhielten ein Büchlein mit der Bayerischen Verfassung und dem Grundgesetz. Aber wie unsere demokratische Gesellschaft tatsächlich funktioniert, das wurde nicht thematisiert. Und das halte ich für einen Fehler.

Demokratie ist sehr einfach: Ein Mensch, eine Stimme. Zugleich, das ist ihre große Qualität, geht es um einen hoch komplexen Aushandlungsprozess mit dem Ziel, Einzelinteressen zu einem möglichst breiten, in jedem Fall mehrheitlich akzeptierten Konsens zu bündeln. Der Fokus liegt im Grunde nicht auf der finalen Abstimmung, sondern auf dem Weg dorthin. Indem mögliche Positionen formuliert, mit gegensätzlichen Entwürfen abgeglichen, Schnittmengen gesucht, Einigungen erzielt werden, entsteht eine große Bewegung, die möglichst vielen Menschen das gute Gefühl geben kann mitzugestalten, sich dadurch als relevant und selbstwirksam zu erleben – und aus dieser Erfahrung selbst solche Entscheidungen mittragen zu können, die eigene Interessen vielleicht nur teilweise abbilden.

Was braucht es dazu? Wissen, ja. Erfahrung, natürlich. Aber vor allem viel Praxis und Einübung in den demokratischen Prozess. Davon brauchen wir mehr. In den Familien, in der Schule, in allen gesellschaftlichen Gruppierungen. Der Kompromiss wird von den extremen politischen Rändern diffamiert. Aber er ist der Kern unserer Demokratie. Die Suche nach konsensualen Lösungen macht Entscheidungen und Entwicklung mitunter langsam, aber ermöglicht es allen, die sich beteiligen, am Ende einverstanden zu sein. Das schafft Identifikation und inneren Frieden. Auch davon brauchen wir mehr! Durch Bildung.

Prof. Elmar Fulda (geboren 1964) leitet seit 2018 als Präsident die Hochschule für Musik und Darstellende Kunst in Frankfurt. Zuvor war er Vizepräsident und Professor für Musiktheater in Weimar. Er arbeitete lange Jahre als Regisseur in Oper und Schauspiel im In- und Ausland.

Wie Demokratien leben:
Ziviler Klimaschutzungehorsam

Matthias Jahn

Wie Demokratien sterben": so hieß, vor fünf Jahren, ein Wissenschaftsbestseller. Zwei Professoren der Harvard-Universität rechneten mit dem Trumpismus ab. Das Buch könnte bald eine neue Auflage erleben. Im November 2024 wählt Amerika einen Präsidenten.

Was das mit Frankfurt zu tun hat? In diesen Wochen tobt in der F.A.Z. ein Meinungskampf, ausgelöst durch einen ungewöhnlichen Beitrag, den ein Kollektiv meiner Berufskollegen (all genders included) verfasst hat, darunter auch Frankfurter. Die zehn Strafrechtswissenschaftler rügen, es sei falsch, den Klimaprotest einer jungen Generation zu kriminalisieren. Andere haben umgehend widersprochen, auch unter Berufung auf das amerikanische Buch über den Tod der Demokratie. Denn in dem Bestseller wird die gegenseitige Achtung als Grundbedingung gleichberechtigten Miteinanders ausgelobt. Und daran mangele es den „Klimaklebern", wie sie in der Boulevardpresse geringschätzig genannt werden.

Wer Recht hat, will ich hier nicht entscheiden. Wichtig an dieser lebendigen Auseinandersetzung ist etwas anderes. Das, was ich zivilen Klimaschutzungehorsam nenne, nötigt uns zum Nachdenken über eine der wichtigsten Normen der demokratisch verfassten Gesellschaft: die Mehrheitsregel. Sie steht auf dem Prüfstand, weil die Aktivisten sie in einem rauer werdenden Klima dorthin befördert haben. Und ihre These ist auf den ersten Blick bestechend: auch Mehrheitsentscheidungen, die in unserem Rechtsstaat getroffen werden, könnten undemokratisch sein, weil sie die Chancengleichheit verletzten. Wenn die Klimakipppunkte überschritten seien, führe kein Weg mehr zurück in ein sorgloses Früher. Damit werde der Minderheit die Chance demokratisch legitimierten Gegensteuerns endgültig genommen. Ihre Zukunft ist bereits Vergangenheit. Dies sei, das große Wort wird auf der Homepage der Letzten Generation gebraucht, ein Verfassungsbruch.

Und tatsächlich, befragt man Naturwissenschaftler, sind diese sich weitgehend einig darin, dass es solche Punkte ohne Wiederkehr gibt, von denen an sich das klimatische Schicksal dieses Planeten auf eine Rutschbahn begibt, die in den Abgrund führt. Katastrophenszenarien wie in dem zwanzig Jahre alten Hollywood-Klimaschocker „The Day After Tomorrow" sehen manche schon am Horizont aufziehen. Weniger alarmistische Stimmen halten sich an nüchterne Fakten. Trotz des auch vom höchsten deutschen Gericht in seinem Klimabeschluss klar benannten Generationengerechtigkeitsproblems sagen der Expertenrat für Klimafragen und das Umweltbundesamt, Deutschland werde die auf das Jahr 2030 bezogenen Vorgaben mit den heutigen Schutzmaßnahmen sicher verfehlen. Dann aber wäre die Zeit endgültig abgelaufen.

Ist es deshalb nicht gerechtfertigt, dass junge Menschen für ihr Schicksal – und das ihrer Kinder – jetzt auf die Straße gehen? Ist es Unrecht, wenn sie sich dort festkleben, weil auch die Kette von Klimakonferenzen, was die kühnen Visionen von einer besseren Zukunft ohne CO_2-Emissionen anlangt, nicht von der Stelle kommt?

Ich bin der Ansicht, dass die Aktivisten der Letzten Generation sich häufig ins Unrecht setzen, mögen sie auch für eine gerechte Sache eintreten wollen. Aber man sollte sie nicht mit der vollen Härte des Gesetzes strafen oder sogar als kriminelle Vereinigung auf eine Stufe mit der Mafia und Cyberkriminellen stellen. Das Unrecht vieler Verkehrswegeblockaden, des Beschmierens von Kunstwerken, des Besprühens von Ladengeschäften und Weihnachtsbäumen, von Privatjets und dem Brandenburger Tor speist sich aus zwei Quellen:

Der erste Grund hat mit dem Begriff ziviler Klimaschutzungehorsam zu tun. Symbolischer Regelbruch ohne die eigenverantwortliche Selbstgefährdung, deswegen mit einem Strafverfahren überzogen zu werden, ist möglich, aber wirkungslos. Erst das unkalkulierbare Verfolgungsrisiko eröffnet dem symbolischen Protest in der Wahrnehmung durch uns, die Öffentlichkeit, die Dimension eines glaubwürdigen existenziellen Engagements. Wer ein derartiges persönliches Risiko eingeht, von der Freiheitsstrafe bis zur Privatinsolvenz, dem muss sein Anliegen wirklich wichtig sein. Mit dem großen Frankfurter Denker Jürgen Habermas gesprochen: „Wenn jedes persönliche Risiko entfällt, wird die moralische Grundlage des regelverletzenden Protestes fragwürdig."

Der zweite Grund ist noch wichtiger, wenn wir über Demokratie reden. Ein lebendiger Parlamentarismus kann es aushalten, wenn seine Bürger auf die Straße gehen – wo wüsste man das besser als hier, wo die Goethe-Universität einer der Hotspots studentischer Proteste nach 1968 war. Doch ziviler Klimaschutzungehorsam, der sich frontal gegen einen behäbigen gesellschaftlichen und politischen Mainstream richtet, kann sich nicht selbst mandatieren, ohne gegen die Mehrheitsregel zu verstoßen. Die aber ist nicht verhandelbar. Eine Rechtfertigung zivilen Klimaschutzungehorsams wäre „eine Selbstaufgabe der Demokratie", das hat Claus Roxin, der Altmeister der deutschen Strafrechtswissenschaft, schon angesichts der Sitzblockaden vor US-Armeeeinrichtungen und atomaren Wiederaufbereitungsanlagen vor drei Jahrzehnten gesagt. Man tauscht, wenn man es anders handhabe, nur die eine abschüssige Bahn gegen eine andere aus. Hinzuweisen ist zum Beispiel auf Minderheitsmeinungen zur künftigen Sicherheitspolitik nach dem Angriffskrieg einer Atommacht auf europäischem Boden oder zur Gesundheitspolitik in einer Pandemie. Auch hier wurden und werden in diesen Großdebatten irreversible politische Kipppunkte reklamiert. Künftig könnte man anderenfalls schwerlich Gewähr dafür übernehmen, dass „das Recht" nicht von einer aktivistischen Minderheit in die eigenen Hände genommen und wie eine Monstranz vor sich hergetragen würde. Und es wäre selbstwidersprüchlich, wollte man sich bei einem Ungehorsamsakt, der die Mehrheitsregel in Frage stellt, auf eine Rechtfertigung innerhalb der Mehrheitsregeln berufen.

Aber machen wir uns ehrlich: äußerstenfalls kann die strikte Beachtung der demokratischen Spielregeln im Angesicht des Fortschreitens der Klimakrise den Fortbestand unseres Gemeinwesens mit seinen demokratischen Errungenschaften in Frage stellen. Doch die Versagung eines (Not-) Rechts auf zivilen Ungehorsam erfordert umso größere politische Anstrengungen, es soweit nicht kommen zu lassen. Für unsere freiheitliche Demokratie ist dieser Zusammenhang von Recht und Politik die Geschäftsgrundlage ihrer Existenz. Damit ist die Mehrheit, damit sind wir gefordert.

Prof. Dr. Matthias Jahn, geb. 1968 in Frankfurt, nach Tätigkeit als Strafverteidiger, Staatsanwalt und wiss. Mitarbeiter am BVerfG bis 2013 Lehrstuhl Uni Erlangen-Nürnberg. Seit 2010 Leiter der Forschungsstelle Recht und Praxis der Strafverteidigung, seit 2013 Direktor des Instituts für das Gesamte Wirtschaftsstrafrecht der Goethe-Universität, seit 2005 im zweiten Hauptamt Richter am OLG in Nürnberg und Frankfurt.

Die Zukunft des jüdischen Sports in Deutschland und sein Beitrag für die Demokratie

Alon Meyer

Seit dem 7. Oktober 2023 ist nichts mehr, wie es war. Dies betrifft nicht nur Jüdinnen und Juden, sondern alle, die für ein demokratischen Wertesystem einstehen. Der Hamas-Angriff auf den Süden Israels und das Supernova-Festival stellte das größte Pogrom auf Jüdinnen und Juden nach 1945 dar. Gerade jetzt ist die Arbeit von MAKKABI Deutschland für unsere Demokratie wichtiger denn je.

Unsere Herzen sind noch immer voller Schmerz und unsere Gedanken werden immer nach Israel gerichtet sein. Umso wichtiger ist es gerade in diesen Zeiten, dass sich die deutsch-jüdische Sportgemeinschaft weiter trifft. Der jüdische Sport in Deutschland hat sich in den letzten Jahren professionalisiert. MAKKABI Deutschland hat heute – anders als beispielsweise während der European Maccabi Games 2015 – hauptamtliche Mitarbeiter und jeweils ein Büro in Frankfurt am Main und in Berlin. Zu MAKKABI zählen mittlerweile über 6.000 Mitglieder und 40 Ortsvereine. Insgesamt ist die Geschichte von MAKKABI Deutschland seit den ersten Neugründungen von

MAKKABI-Vereinen in den 1960er-Jahren eine große Erfolgsgeschichte.

Alleine im Jahr 2023 wurden insgesamt 23 Lehrgänge in nahezu allen Abteilungen organisiert, um unsere Sportler zu sichten und weiter zu fördern. Diese umfassten Sportarten wie Tischtennis, Basketball, Golf, Schwimmen, Wasserball, Radsport, Triathlon, Kampfsport, Schach, Bridge, Segeln, Sportschießen, Fußball und einen abteilungs- und altersübergreifenden Großlehrgang, bei dem 14 Abteilungen teilnahmen.

Auch setzen wir in den vergangenen Jahren neue Meilensteine: Die MAKKABI Deutschland WinterGames 2023 werden zweifellos in die Geschichtsbücher eingehen. Mit über 400 Teilnehmern aus 20 Ländern auf fünf Kontinenten, darunter die Ukraine, Israel, die USA und Australien, richtete MAKKABI Deutschland im Januar 2023 die MAKKABI-Winterspiele in Ruhpolding, Bayern, aus. Dies war eine bedeutende Premiere, da es sich um die ersten MAKKABI-Wintersportwettkämpfe seit 1936 handelte. Ob bei unseren Lehrgängen oder bei den MAKKABI Deutschland WinterGames: Wir leben Integration und Demokratie. Bei uns treiben Juden, Christen, Moslems und Atheisten gemeinsam Sport. Wir sind überzeugt: Es gibt keinen unpolitischen Sport. Und über den Weg des Sportes erreichen wir Communities, die sich etwa klassischen Bildungsformaten verschließen.

Doch was passiert bei unseren Lehrgängen? Wir feiern die demokratischen Werte, Jüdischkeit, Sport und Gemeinschaft. Und dies tun wir gemeinsam. Unabhängig von der Religion oder Herkunft. Für viele nichtjüdische Teilnehmerinnen und Teilnehmer sind unsere Lehrgänge der erste Berührungspunkt mit der jüdischen Kultur überhaupt. Wir sind stolz darauf, MAKKABI Deutschland für alle Religionen geöffnet zu haben. Juden und Nichtjuden feiern gemeinsam den Schabbat. Juden und Nichtjuden gehen in einen friedlichen und spannenden Wettkampf. Wir schaffen diese so wichtigen MAKKABI-Momente: Momente der Begegnung, des Respekts und des Zusammenhaltes. Wir zeigen den Jugendlichen, wie wichtig gegenseitiger Respekt und Toleranz sind. Wir sprechen gemeinsam über die Gefahren für unsere Demokratie und schaffen Bildungs- und Sportangebote.

Demokratie ist kein Automatismus und es reicht nicht, alle paar Jahre von seinem Wahlrecht Gebrauch zu machen. Die „Erziehung zur Mündigkeit" ist Arbeit: Arbeit an der Basis, in Gesprächen und auf dem Sportplatz. Und sie ist wichtiger denn je!

Leider sind MAKKABI-Sportler immer wieder antisemitischen Angriffen ausgesetzt. So wurden bei einem Champions League Spiel 2021 zwischen Maccabi Haifa und dem 1. FC Union Berlin im Berliner Olympiastadion judenfeindliche Parolen skandiert und eine Israelfahne angezündet. Es war das erste Spiel einer israelischen Mannschaft am historischen Ort des Olympiastadions. In den Jahren 2022 und 2023 gab es mehrfache verbale und körperliche Attacken auf MAKKABI-Spieler. Doch dies ist nur die Spitze des Eisbergs. Rechter, linker und islamistischer Antisemitismus waren bereits vor dem Hamas-Pogrom vom 7. Oktober eine große Gefahr für Juden in Deutschland und damit auch für die Sportler*innen von MAKKABI Deutschland. Jeder Angriff auf MAKKABI ist auch ein Angriff auf uns alle und unsere Demokratie.

Die Studie „Zwischen Akzeptanz und Anfeindung" unseres Präventionsprogrammes „Zusammen1" aus dem Jahr 2021 kommt zu folgendem Schluss: „Mitglieder jüdischer Sportvereine in Deutschland sehen sich regelmäßig mit Antisemitismus konfrontiert! Dieser kann sich in offen-aggressiven oder subtilen Erscheinungsformen äußern und hat Auswirkungen auf die Betroffenen." So waren 39 Prozent der 309 befragten MAKKABI-Mitglieder schon mindestens einmal persönlich und im direkten Zusammenhang mit ihrer Mitgliedschaft von einem antisemitischen Vorfall betroffen. Es zeigt sich ferner, dass insbesondere im Fußball Gelegenheitsstrukturen für antisemitische Diskriminierungen zu bestehen scheinen. 68 Prozent der befragten Mitglieder aus den Fußballabteilungen erlebten mindestens einmal einen gegen sie gerichteten Vorfall, 55 Prozent sogar mehrfach. Die dokumentierten Vorfälle treffen sowohl jüdische als auch nichtjüdische Sportler und finden nicht nur auf den Sportanlagen, sondern auch abseits davon statt. Als häufigste Ausdrucksform sind verbale Beleidigungen oder versteckte Andeutungen zu identifizieren, aber auch körperliche Angriffe treten regelmäßig auf. Im Nachgang des 7. Oktober eskalierte in Deutschland der Antisemitismus vorwiegend islamistischer Provenienz, aber durchaus auch aus dem rechten und linken politischen Sektor: Es finden Massenaufmärsche von Israelhassern mit Terrorverherrlichung, eine Schuldumkehr sowie weltweite Angriffe auf Juden statt.

MAKKABI-Sportlerinnen und -Sportler haben sich schon vor dem Hamas-Angriff oft nicht sicher gefühlt. Doch diese Unsicherheit ist nun nicht mehr ein punktuelles Gefühl, es wurde zu einem Grundgefühl. Deshalb wird in unserer Demokratie eine eindeutige Position zum jüdischen Leben, zum jüdischen Sport und zu Israel benötigt. Ferner braucht es eine konsequente Ahndung antisemitischer Handlungen durch die rechtsstaatlichen Behörden. Im Oktober 2023 wurde im Deutschen Fußballmuseum in Dortmund der neue Meldebutton für antisemitische Vorfälle im Sport von unserem Präventionsprojekt „Zusammen1" und der „Recherche- und Informationsstelle Antisemitismus" vorgestellt. Dieser Schritt ist von großer Bedeutung für die Demokratie, um gegenwärtige Facetten von Antisemitismus sichtbar zu machen und datenbasierte Gegenstrategien zu entwickeln.

Im Sommer 2024 finden die European Maccabi Youth Games in London statt. Fast gleichzeitig werden – 52 Jahre nach dem Attentat auf die israelische Olympiamannschaft in München 1972 – die Olympischen Spiele in Paris eröffnet. Frankreich und London waren in den vergangenen Jahren wiederholt das Ziel des islamistischen Terrorismus. Auch fanden in beiden Städten regelmäßig israelfeindliche Demonstrationen mit teils zehntausenden Teilnehmern statt. Gerade deswegen ist es so wichtig, dass MAKKABI-Sportler aus der ganzen Welt in London mit dem Davidstern auf der Brust die jüdische Gemeinschaft repräsentieren. Im darauffolgenden Jahr 2025 findet die Maccabiah in Israel statt. Es ist mit über 10.000 Athleten eines der größten Sportevents weltweit und die Stimmung im Land lässt sich durchaus mit der Stimmung in Deutschland während einer Fußball-WM vergleichen. Jüdische Sportlerinnen und Sportler aus der ganzen Welt werden in Tel Aviv, Jerusalem und Haifa in den Wettkampf gehen und um Medaillen kämpfen. Die MAKKABI-Bewegung ist stark und wird sich auch nach dem 7. Oktober zurückkämpfen. MAKKABI Deutschland entsandte bei der Maccabiah 2022 mit über 250 Sportlern die bis dahin größte deutsch-jüdische Delegation und stellte mit insgesamt 51 Medaillen einen neuen Rekord auf. Der Verband, seine Trainer und Abteilungen blicken somit hoffnungsvoll auf die kommende Ausgabe in 2025. Der jüdische Sport wird wie auch in den vergangenen Jahren einen wertvollen und wichtigen Beitrag zur Demokratie leisten. Die Terroristen und Antidemokraten verachten das Leben. Wir aber sind stärker: Denn wir lieben das Leben, die Demokratie und den Sport.

Alon Meyer ist der amtierende Präsident des jüdischen Sport-
verbandes MAKKABI Deutschland. Seit 2004 engagiert sich
Alon Meyer als Mitglied des Gemeinderates der Jüdischen Gemeinde Frankfurt am Main. Im Jahr 2007 wurde er zum Präsi-
denten von Makkabi Frankfurt e. V. ernannt.
Im Jahr 2013 übernahm Meyer das Amt des
Präsidenten von MAKKABI Deutschland.
Alon Meyer setzt sich sowohl in seiner Ver-
einsarbeit als auch in der Öffentlichkeit aktiv
gegen Antisemitismus und Rassismus ein.

Schwindende Vielfalt, menschengemacht: Biodiversitätsverlust und die Aufgabe von Demokratien

Klement Tockner

Das südliche Spitzmaulnashorn Kalusho stirbt im Frankfurter Zoo. Es war eines der letzten seiner Art in europäischen Zoos und ist in freier Natur vom Aussterben bedroht. Der Stierkäfer wird das Insekt des Jahres 2024. Er spielt eine Schlüsselrolle in heimischen Ökosystemen, seine Bestände gehen seit den 1980er-Jahren jedoch dramatisch zurück.

Zwei Schlagzeilen, die auf den ersten Blick nichts mit Demokratie zu tun haben. Schließlich geht es ja um Tiere, um die Umwelt. Demokratie – die Teilhabe aller, die Wahrung von Grundrechten, die Wahl von Volksvertreterinnen und Volksvertreter, die politisch unser Miteinander gestalten und Vorsorge für die kommenden Generationen treffen. Ein großer Begriff, in dem jede Menge Mensch steckt. Welchen Zusammenhang gibt es also zwischen Demokratie und der biologischen Vielfalt unseres Planeten? Die Antwort ist so simpel wie komplex: Die Biodiversität – die Vielfalt an Lebensräumen, Arten und Genvariationen – umfasst die Informationen von mehr als 3,5 Milliarden Jahren natürlicher Evolution. Diese Vielfalt bildet somit die wichtigste Grundlage unserer menschlichen Existenz. Sie sichert unsere Ernährung, liefert Medikamente, schützt vor Pandemien und dient als Inspiration. Mehr als die Hälfte der globalen Wirtschaftsleistung verdanken wir unmittelbar dieser Vielfalt. Biodiversität ist hier also unsere (Überlebens-)Versicherung für die derzeitigen und künftigen Generationen.

Wir besiedeln und bewirtschaften mehr und mehr Flächen und lassen den Lebensraum für Millionen Arten dramatisch kleiner werden. Wir produzieren Müll, den die Natur nicht abbauen kann, der in Weltmeeren Plastikinseln wachsen lässt und an Land den Boden vergiftet. Man könnte sagen, wir führen durch unseren Lebensstil globale Großexperimente mit unbekanntem Ausgang durch.

Liberale Demokratien westlicher Prägung einte bis in die Gegenwart eines: der Glauben an die freie Marktwirtschaft. Eine Zukunftsvision, in der Ressourcen endlos sind und die Lebensbedingungen für Menschen stetig angenehmer werden. Wir übersehen dabei, dass wir die realen Kosten unseres Handelns auf die Allgemeinheit abgewälzt oder in den Globalen Süden ausgelagert haben. Am Geld liegt es aber nicht: In Deutschland werden pro Jahr rund 78 Milliarden Euro für den Umweltschutz ausgegeben – 94 Prozent davon gehen jedoch in die Abwasser- und Abfallwirtschaft sowie in die Beseitigung von Umweltschäden. Nur etwas mehr als zwei Prozent dienen dem aktiven Arten- und Landschaftsschutz. Zugleich betragen die öffentlichen Subventionen, die umweltschädi-

gend sind, knapp 65 Milliarden Euro pro Jahr. Wir finanzieren also zuerst die Belastung unserer Umwelt und
investieren anschließend sehr viel für deren Reparatur.
Dieses Geschäftsmodell muss sich grundlegend ändern,
die externen Kosten müssen internalisiert werden und
Subventionen umgewidmet werden. Unser Wohlstand ist
ein Trugbild, da er das Ergebnis einer Übernutzung der
natürlichen Ressourcen ist. Werden diese Ressourcen
knapp, dann nimmt auch der Wohlstand ab – weltweit.

Was leistet die Demokratie also für den Schutz von
Biodiversität? Die Freiheit der Wissenschaft, die Unabhängigkeit von Fragen und denjenigen, die sie stellen, ist
ein elementarer Beitrag. Diese Unabhängigkeit ist in vielen Ländern bedroht. Doch auch in liberalen Demokratien sehen wir, dass die öffentliche Hand heute anteilsmä-
ßig weniger in Forschung und Entwicklung investiert als
vor 40 Jahren. Dabei kann sich die Zwillingskrise unseres
Planeten – der massive Verlust der biologischen Vielfalt
und die Klimakrise – keine Politisierung leisten. Und wir
benötigen auch in der Wissenschaft Vielfalt: Die Grundla-
genforschung muss vorangetrieben werden, genauso wie
die anwendungsorientierte Forschung.

Wir sehen eine zunehmende Privatisierung in der
Forschung, durch die Industrie und vermehrt durch das
Militär und die Geheimdienste. Das führt zu einer Oligo-
polisierung des Wissens: Viele wissen wenig, und wenige
wissen viel. Das Auseinanderdriften von potenziellem und
aktuellem Wissen – wir sprechen von Dark Knowledge –

bedroht unsere offene, aufgeklärte Demokratie. Verlust an Wissen, Unzugänglichkeit wichtiger Daten, gezielte Desinformationen aber auch ein zunehmender Jargon in der Wissenschaftssprache nehmen rasch zu. Der Anstieg an Dark Knowledge bedroht somit nicht nur die Demokratie, er gefährdet unsere Lebensgrundlage, da etwa vermehrt bestritten wird, dass die Erderwärmung überhaupt menschengemacht ist. Zweifel werden gezielt gestreut, einfache Lösungen propagiert und Vertrauen in die Wissenschaft untergraben.

Demokratie kann natürlich auch durch das Wählerverhalten die Biodiversität beeinflussen. Informierte Bürgerinnen und Bürger fordern von Bundestagsabgeordneten fundierte Entscheidungen für die Erhaltung der Umwelt. Sie können Regierungen abwählen und von lokal bis national ihre Stimme erheben. So viel zur Theorie. In der Praxis ist Demokratie ein stetiger Ausgleich von Interessen. Unmittelbare Bedrohungen des Friedens und der Sicherheit, potenzielle Auswirkungen auf die eigene Haushaltskasse und die Gesundheit beeinflussen die Meinungsbildung. Aber fragen wir in unserem Naturmuseum in Frankfurt die Besucherinnen und Besucher, welche Themen ihnen am Herzen liegen, ist die Natur immer ganz vorne. Gerade für Kinder und Jugendliche, die begeistert an Dinosaurier-Skeletten vorbeigehen und intuitiv spüren, dass hinter der emotionalen Verbindung etwas Größeres steckt: unser Überleben.

Hier muss die Demokratie ihre Stärken ausspielen: Seit zwei Jahrzehnten kursiert der Begriff des Anthropozäns. Ein neues Erdzeitalter, das davon geprägt ist, dass die Menschheit drastisch in die großen biologischen, geologischen und atmosphärischen Kreisläufe eingreift. Die Definition des Anthropozäns hat auch für die Wissenschaft Konsequenzen. Transdisziplinarität ist gefragt, denn wo menschliches Handeln für diese Kreisläufe bestimmend ist, müssen Natur-, Sozial- und Geisteswissenschaften ineinandergreifen. Der Dialog zwischen Wissenschaft, Wirtschaft, Gesellschaft und der Politik ist gefragt. Und wir benötigen eine neue Wissensökonomie, in die unterschiedliche Wissensformen einfließen: akademisches Wissen, Orientierungswissen, Handlungswissen, lokales und indigenes Wissen.

Diese Mammutaufgabe betrifft uns alle, auch wenn politischer Regulierung eine besonders wichtige Rolle zukommt. Die Senckenberg Gesellschaft für Naturforschung plant deshalb sogenannte „Solutions Labs" – diskursive Räume, in denen unterschiedliche Wissensformen verbunden werden, um gemeinsam und von Beginn an tragbare Lösungsoptionen zu entwickeln. Man spricht von Ko-Design und Ko-Implementierung. Das ist herausfordernd, aber auch lohnend.

Von der romantischen Vorstellung einer intakten Natur müssen wir uns wohl verabschieden. Zu massiv sind die globalen Eingriffe des Menschen, unumkehrbar viele Änderungen und immens die gesellschaftlichen Herausforderungen. Vieles wird unseren Planeten für Jahrtausende bis Jahrmillionen prägen. Der Mensch ist die Ursache des derzeitigen Zustands unseres Planeten, und er ist zugleich für die Lösung verantwortlich. Hierfür benötigt es tiefgreifende gesellschaftliche Transformationen hin zu einem naturpositiven Handeln. Und eines ist klar: Je länger wir warten, desto schwieriger und auch kostspieliger wird es. Dann laufen wir reale Gefahr, dass das Anthropozän zur kürzesten Epoche der Erdgeschichte wird.

Prof. Dr. Klement Tockner ist Generaldirektor der Senckenberg Gesellschaft für Naturforschung und Professor für Ökosystemwissenschaften an der Goethe-Universität. Außerdem ist er ein international führender Süßwasserforscher, insbesondere in den Forschungsbereichen Biodiversität und dem nachhaltigen Management von Gewässern.

Zur Organisationskrise der Demokratie – ein Plädoyer für mehr konsequent demokratisches Agieren

Frank E. P. Dievernich

Gegenwärtig hören wir laufend, dass die Demokratie in der Krise sei. Diese Analyse, wenn es denn eine wirklich fundierte wäre, ist viel zu oberflächlich und die Wiederholung dessen trägt nicht zu ihrer Wahrheit bei. Nicht die Demokratie steckt in einer Krise, als vielmehr ihre Institutionen und Organisationen sowie die darin verankerten Entscheidungs-, Handlungs- und Prozesslogiken. Das ist ein feiner Unterschied, aber höchst relevant, um einen konkreten Ansatzpunkt zur Intervention zu haben, damit die Demokratie nicht weiter geschwächt, sondern im besten Fall sogar gestärkt werden kann.

Derzeit leben wir in Zeiten der Wut statt des Muts. Das Erstarken bestimmter radikaler Parteien ist ein Ausdruck davon. Zur Wut gesellt sich Resignation oder treffender: Die Resignation führt zur Wut. Resignation, die sich aus dem subjektiven Gefühl speist, keinen Einfluss mehr auf das politische Geschehen und die Entscheidungen des politischen Apparates zu haben. Da unser politisches System aber Ausdruck unserer Demokratie ist, wird hier der erste gedankliche Kurzschluss vollzogen: Die Kritik am politischen System wird mit einer Demokratie-kritik gleichgesetzt. Aber Vorsicht: Gehört wirklich das politische System kritisiert oder vielmehr seine Organisationen (Parteien) mit ihren Strukturierungs- und Entscheidungsprinzipien?

Organisationen, und damit auch Parteien, sind in der Sprache der Systemtheorie als geschlossene soziale Systeme zu verstehen. Sie funktionieren nach eigenen Prinzipien und Gesetzmäßigkeiten. Entscheidungen, die in Organisationen getroffen werden, schließen immer wieder an jene Entscheidungen an, die in diesem System vorher getroffen wurden. Strukturen, die über die Zeit entstanden sind, reproduzieren sich, indem immer wieder auf sie zurückgegriffen wird. Neumitglieder in Organisationen, wollen sie nicht als Fremdkörper vorzeitig ausgeschieden werden, bemühen sich, so schnell wie möglich Anschluss an die vorhandenen Strukturen und Logiken zu finden. Alleine dieser kurze Blick auf die naturgemäße Selbstbezogenheit von Organisationen macht deutlich, wie schwer es fällt, externe Perspektiven und Handlungsoptionen in Organisationen zu integrieren. Vieles, was der gesunde Menschenverstand zu tun nahelegt, kann aufgrund der Organisationslogiken und Strukturen nicht einfach umgesetzt werden. Diese Diskrepanz ist täglich zu beobachten: Obwohl sich alle mehr oder weniger darüber im Klaren sind, dass es eine ökologische Transformation unseres Wirtschaftens braucht, um diese Welt, so wie wir sie kennen, zu retten, scheint es unmöglich zu sein, in ein entsprechendes Handeln zu kommen. Gesteigert wird die Unfähigkeit zu agieren durch konkurrierende Interessen unterschiedlicher Status- und Organisationsgruppierungen. So wird ein konkretes Problem zum Gegenstand politischer Debatten, rutscht von der konkreten Lebenswelt in das eher abstrakte Kommunikationssystem des politischen Systems. Nur weil der politische Gegner einen bestimmten Vorschlag gemacht hat, wird dieser abgelehnt, obwohl die reine Sachbetrachtung nahelegen würde, dafür zu stimmen. Solche Scharmützel bleiben nicht unbeobachtet. In der Bevölkerung wächst das Unverständnis, da gleichzeitig von allen Seiten auf die Dringlichkeit des Handelns verwiesen wird. Die Paradoxie zwischen Kommunikation und Handeln wird immer größer. Auch das kann zur Resignation führen.

Wenn also davon gesprochen wird, dass in diesem Land etwas schiefläuft, dann läuft nicht unmittelbar mit der Demokratie etwas schief, sondern mit ihren Institutionen. Es sind die Selbstverklebungen der Systeme, die Blockaden, die eingeloggten Handlungsroutinen und Strukturen, die nicht (mehr) imstande sind, sich von sich selbst zu befreien. Wenn die politischen Akteure sich von diesen Systemstrukturen korrumpieren lassen, berauben sie sich selbst der Option, festgefahrene Strukturen aufzubrechen. Sie berauben sich der Möglichkeit, als korrigierendes Element das System zu kurieren. Aber genau dafür wurden sie gewählt. In einer Welt, die aus immer ausdifferenzierteren Organisationen besteht, muss aber genau dies die Hauptfunktion von Politikerinnen und Politikern sein: die Rahmenbedingungen für tatsächliches (und damit gelingendes) Handeln zu schaffen. Die Transformation unserer Gesellschaft muss mit der Transformation des steuernden Systems beginnen.

Demokratie als Staatsform und Kulturverständnis ist dabei nicht hindernd, sondern förderlich. Demokratie ist hochmodern, wenn man beginnen würde, sie noch konsequenter zu leben. Demokratie stellt darauf ab, dass eine breite Partizipation möglich ist, dass Stimmen, auch von Minderheiten, gehört werden, dass eine Mehrheitsentscheidung bindend ist. Demokratie sichert uns die Freiheit der Meinung und des Wortes. Demokratie gestattet uns Diskutieren und Ringen um eine dann durch die Bevölkerung breit getragene Lösung. Demokratie hat uns die Freiheit geschenkt, unser bisheriges System zu entwickeln und zu etablieren. Genau das hat uns auch über die letzten Jahrzehnte Wohlstand gesichert und den gesellschaftlichen Zusammenhalt gewährleistet. Demokratie muss aber auch immer wieder neu erkämpft und erarbeitet werden. Und nun ist es höchste Zeit, dass uns die Freiheit der Demokratie wieder als Handlungsinstrument in den Sinn kommt. So wären z.B. die komplexen, sich gegenseitig blockierenden Systemlogiken der Politik aufzubrechen, indem zum einen vermehrt Einzelentscheidungen ausgewählter Fragestellungen zur Wahl gestellt würden. Zum anderen müssten aber auch über die Strukturen und Prozesse der politischen Organisationen selbst Entscheidungen möglich gemacht werden. Mehr direkte Demokratie – sowohl auf Gesellschafts- wie auch auf Ebene einzelner Organisationen – spiegelt dabei sogar den Zeitgeist wider, der ja gerade durch das Digitale darauf abzielt, schnell Feedback einzuholen und zu geben. Wir müssen auch politisch wagen, mehr im Modus des Prototypings zu leben.

Die Demokratie ist die Letzte, die sich gegen ihre eigene Weiterentwicklung sperrt. Hier ist sie abhängig von Politikerinnen und Politikern und der Bevölkerung, die das laut einfordern müssen. Um eine Entscheidung, egal wie wir es drehen und wenden, werden unsere Politikerinnen und Politiker nicht herumkommen. Dabei ist das Treffen von Entscheidungen das Mindestmaß, welches wir von ihnen erwarten dürfen. Eine Demokratie ohne Entscheidungen implodiert. Wenn eine Bevölkerung aber das Gefühl bekommt, an echten Entscheidungen teilnehmen zu können, die durch ihre sich anschließende Umsetzung auch einen sichtbaren Unterschied machen, dürften Resignation und Wut dem gestalterischen Mut weichen. Die Demokratie schenkt uns den Raum, dies endlich zu wagen. Mehr denn je benötigen wir konsequent demokratische Ansichten und konsequent demokratisches Agieren!

Prof. Dr. Frank E. P. Dievernich ist Vorstandsvorsitzender der Stiftung Polytechnische Gesellschaft. Zuvor war er Präsident der Frankfurt University of Applied Sciences. Professuren hatte er an den Hochschulen Luzern und Bern inne. Als gebürtiger Frankfurter ist er Mitglied vieler Kuratorien und darüber hinaus Autor vielfältiger Publikationen zu den Themen Gesellschaft sowie Bildung.

Bildnachweise

Porträts der Autoren

Mike Josef: © Oliver Tamagnini

Dr. Paula Macedo Weiß: © privat

Programmteam des Netzwerks Paulskirche:

   © Netzwerk Paulskirche

Nicole Deitelhoff: © privat

Stephan Hebel: © privat

Vinzenz Hediger: © privat

Ben Christian: © privat

Dominik Herold: © privat

Dr. Ina Hartwig: © Stadt Frankfurt

Matthias Wagner K: © Stefanie Kösling

Prof. Susanne Pfeffer: © Alexander Paul Englert

Prof. Dr. Mirjam Wenzel: © Sandra Hauer

Helmut Ortner: © privat

Clemens Greve: © Till Roos

Prof. Dr. Dr. Michel Friedman: © Gaby Gerster

Prof. Dr. Frank E. P. Dievernich:

   © Stiftung Polytechnische Gesellschaft

Laurenz Aller: © privat

Wilhelm Bender: © privat